Mit Rezepten um die Welt

FEINE & RUSTIKALE PILZGERICHTE

Meister Verlag GmbH

INHALT

*P*ILZGERICHTE AUS ALLER WELT

Rund um den Erdball werden Pilze gesammelt und raffiniert verfeinert. Lassen Sie sich von der Vielfalt überraschen.

OSTEUROPA

Waldpilze zählen in vielen osteuropäischen Ländern zu den absoluten Küchenlieblingen, in Polen zum Beispiel als Füllung für delikate Kohlrouladen und in Tschechien als Zutat für eine saftige Schmorpfanne. Hingegen in Mittelrußland bevorzugt man den »Zaren der Pilze« – den Steinpilz. Er wird dort zu einem besonders aromatischen Pilzragout mit einer cremigen Béchamelsauce verarbeitet.

NEUE WELT

Knackig frisch, so liebt man Champignons in den USA. Mit Erdbeeren und Cashewkernen verfeinert, serviert man sie als Rohkost. Gebratene Austernpilze sind die Krönung für einen extravaganten Spinatsalat auf kalifornische Art.

NORD- & MITTELEUROPA

Verabschiedet sich der Sommer, dann gehen überall in Europa zahlreiche Pilzsammler auf Schatzsuche. Wenn goldene Pfifferlinge aus dem Moos sprießen oder Maronen durchs

MITTEL- & SÜDAMERIKA

Laub lugen, schlägt so manches Feinschmeckerherz höher. Abends wird dann geschnippelt und rasch gebrutzelt – etwa für Pilzsalat, Schwammerlgulasch oder Spätzle mit Pfifferlingrahm.

Asien & Ferner Osten

Viele fernöstliche Exoten zum Beispiel Mu-Err-Pilze oder Shiitake-Pilze sind heutzutage auch in unseren Feinkostläden erhältlich. Daraus lassen sich leckere Speisen bereiten, wie chinesische Pilze mit Chinakohl, aber auch im Wok gebratenes Schweinefilet, das mit Mu-Err-Pilzen aromatisiert wird. In Indien hingegen hat man eine Vorliebe für würzig-scharfe Omeletts mit Champignons.

Mittelmeerraum

Bester Qualität sind Steinpilze, die in Norditalien aus dem Boden schießen. Mit Sahne ergeben sie eine edle Sauce. Im »Tapas-Paradies« Spanien reicht man Champignons mit Schinkenfüllung.

Den intensiven Geschmack von frischen Champignons schätzt man in vielen Speisen der mexikanischen Küche. Sie werden mit Käse gratiniert und mit feuriger Salsa serviert, aber auch als Füllung von Tacos und Tortillas gereicht.

FINNISCHE WALDPILZE IN RAHMSAUCE

FINNLAND

Die finnische Küche zeichnet sich durch den gekonnten Umgang mit Naturprodukten aus. Der Beweis dafür sind diese aromatischen Waldpilze mit Dill in pikanter Rahmsauce.

ZUTATEN
(Für 4 Portionen)

FÜR DIE PILZE

- 750 g Waldpilze (Pfifferlinge, Steinpilze)
- 1 Zwiebel, Salz
- Saft von 1 Zitrone

FÜR DIE RAHMSAUCE

- 2 Zwiebeln, 50 g Butter
- 30 g Mehl
- 300 g Schlagsahne
- 250 g Salatgurke
- 2 Sardellenfilets, gewaschen (siehe Zutatentip)
- Piment, Zucker
- 2 EL saure Sahne
- 1 Bund Dill, gehackt

ZUTATENTIP

Sardellen verstärken den Eigengeschmack der Zutaten. Wer es milder mag, kann sie für etwa 30 Minuten in Wasser legen. Alternativ 1 TL Sardellenpaste oder 1 TL Instantbrühe verwenden.

1 Pilze mit einem feuchten Tuch abreiben, nicht waschen. Große Pilzhüte von den Stielen drehen. Hüte und Stiele in Scheiben schneiden, kleine Pilze nur halbieren.

2 Zwiebel schälen, halbieren. In einem Topf 400 ml Wasser aufkochen. Zwiebel, 1 Msp. Salz und Pilze hineingeben, 3 Minuten köcheln lassen. In ein Sieb gießen, Zwiebel entfernen. Abgetropfte Pilze mit Zitronensaft (1 TL beiseite stellen) in einer Schüssel etwa 10 Minuten zugedeckt ziehen lassen. In ein Sieb gießen, 100 ml Pilzflüssigkeit auffangen.

3 Für die Sauce die Zwiebeln schälen, fein hacken. Die Butter in einem Topf zerlassen, die Zwiebeln darin glasig werden lassen. Mehl darüberstäuben und unter Rühren hellgelb werden lassen. Die Pilzflüssigkeit und die Sahne angießen und sämig einkochen.

4 Gurke schälen, längs halbieren, Kerne mit einem Teelöffel entfernen. Gurkenhälften quer in dünne Scheiben schneiden. Sardellenfilets in die Sauce geben. Etwa 5 Minuten dünsten, dann Pilze unterheben. Mit restlichem Zitronensaft, Salz, Piment und Zucker nach Belieben würzen. Saure Sahne und Dill untermischen.

Schritt 2

Schritt 3

Schritt 4

Zubereiten **35** Min. Garen **20** Min.

Pro Portion: 440 kcal/1837 kJ; 7 g EW; 36 g F; 21 g KH

TYPISCH FINNISCH

In dem nordischen Land genießt man Waldpilze gerne als Beilage zu Eiern und Fleisch. Ein Klassiker sind gemischte Pilze mit Rührei und »Savukinkku«, einem Schinken, der in der Sauna geräuchert wird. Dort trifft man sich auch regelmäßig mit Freunden, bevor es dann ans gemeinsame Schlemmen geht.

Kochtip

Zu Kurzgebratenem aus der Wildküche, wie Hasenfilet oder Rehmedaillons, passen Waldpilze in Rahmsauce hervorragend. Nehmen Sie dafür statt der Salatgurke 250 g gegarte grüne Bohnen, und ersetzen Sie die Sardellen durch 1 TL milden Senf. Oder Sie verwenden je 500 g Pilze und grüne Bohnen für die Sauce.

Serviertip

Reichen Sie dazu gebratene Kalbsleber und Butterkartoffeln. Als Vorspeise paßt eine klare Brühe, als Dessert Waldbeeren.

In Finnland wird zum Essen oft Milch getrunken. Aber auch herber Riesling mundet zu den Pilzen.

PILZSALAT MIT WILDKRÄUTERN

FINNLAND

Genießen Sie den puren Geschmack von frisch gesammelten Pilzen und würzigen Wildkräutern, die auf knackigem Kopfsalat mit einer leichten Salatsauce angerichtet werden.

ZUTATEN
(Für 4 Portionen)

FÜR DEN SALAT
- 750 g Waldpilze (Birkenpilze, Hallimasch, Pfifferlinge), 1 Kopfsalat
- 1 Bund Brunnenkresse
- 50 g Löwenzahnblätter
- 50 g Kapuzinerkresse

FÜR DIE MARINADE
- 1 große Zwiebel
- 1 große Möhre
- 400 ml Gemüsebrühe
- einige schwarze Pfefferkörner
- 1 Lorbeerblatt
- 3 Pimentkörner, Salz

FÜR DIE SAUCE
- 1 Zwiebel
- 150 g saure Sahne
- 3 EL Zitronensaft
- Salz, schwarzer Pfeffer
- Zucker
- gemahlenes Piment
- 3 EL Öl

1 Die Pilze sorgfältig putzen, nicht waschen. Große Pilzhüte von den Stielen drehen. Hüte und Stiele in Scheiben schneiden, kleine Pilze ebenfalls in Scheiben schneiden.

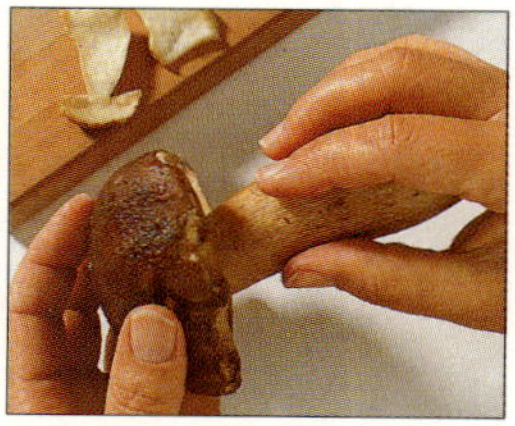

Schritt 1

2 Kopfsalat und Brunnenkresse putzen, waschen, trockenschütteln, zerpflücken. Löwenzahn und Kresse verlesen, waschen, trockenschütteln und in Streifen schneiden.

Schritt 2

3 Für die Marinade Zwiebel und Möhre schälen, kleinschneiden. Brühe mit Zwiebel, Möhre und Gewürzen in einem Topf 15 Minuten köcheln lassen. Durchsieben und wieder aufkochen. Pilze hineingeben und etwa 3 Minuten kochen lassen, dabei vorsichtig umrühren. In einem Sieb abtropfen lassen.

Schritt 3

4 Für die Sauce Zwiebel schälen, fein hacken. Saure Sahne und 2 EL Zitronensaft daruntermischen. Mit Salz, Pfeffer, Zucker und Piment nach Belieben würzen. Warme Pilze unterheben. 20 Minuten zugedeckt ziehen lassen. Restlichen Zitronensaft mit Öl und 3 EL Wasser mischen. Mit Salz, Zucker und Piment nach Belieben würzen. Salat auf einer Platte anrichten. Pilze darauf verteilen und die Sauce darüber träufeln.

Zubereiten **1** Std.
Marinieren **20** Min.
Pro Portion: 181 kcal/748 kJ; 7 g EW; 10 g F; 14 g KH

TYPISCH FINNISCH

Die finnischen Wälder sind unglaublich reich an Speisepilzen. Etwa 500 Arten wachsen dort, manche sprießen sogar schon am Anfang des Frühlings aus der Erde. Die frisch gesammelte »Beute« kommt oftmals zusammen mit einigen anderen wildwachsenden Köstlichkeiten, wie würzigen Wiesenkräutern, auf den Tisch.

Kochtip

Die Methode, die Pilze in einer Marinade einmal kurz aufzukochen, ist eine bewährte Art, um mögliche Insektenlarven und Würmer, die manchmal in wild gesammelten Pilzen vorkommen, zu entfernen. Eine weitere Möglichkeit: die Pilze in Salzwasser zusammen mit einer kleinen Zwiebel aufkochen.

Serviertip

Servieren Sie den Waldpilzsalat als herzhafte, kleine Mittagsmahlzeit mit Pellkartoffeln, Schinken und Rührei.

Dazu paßt Mineralwasser mit einem Spritzer Zitronensaft. Nach dem Essen Kaffee reichen.

SERVIERTIP Bieten Sie in geselliger Runde zum Knabbern Blauschimmelkäse und Salzmandeln an.

Reichen Sie zum Toast ein dänisches Bier. Nach dem Essen können Sie einen Schnaps anbieten.

CHAMPIGNON-GOURMET-TOAST

DÄNEMARK

Saftige Filetsteaks mit sahnigen Champignons und kroß gebratenen Speckscheiben auf Toast angerichtet und mit Preiselbeercreme serviert – ein edler Imbiß zum Verwöhnen.

ZUTATEN
(Für 4 Portionen)

FÜR DEN TOAST
- 600 g Champignons
- 2 Zwiebeln
- 4 Scheiben Frühstücks-speck (75 g)
- 1 EL Butter, 1 EL Mehl
- 200 g Schlagsahne
- ½ Bund Petersilie, gehackt
- Salz, schwarzer Pfeffer
- 2 EL Butterschmalz
- 4 Rinderfiletsteaks à 150 g
- 4 Scheiben Toastbrot

FÜR DIE PREISELBEERCREME
- 100 g Doppelrahm-frischkäse
- 2 EL Schlagsahne
- 100 g Wildpreiselbeeren (Glas; siehe Zutatentip)

ZUTATENTIP
Wenn Sie frische Beeren nehmen, 100 g davon mit 50 g Gelierzucker aufkochen, erkalten lassen und unterheben.

1 Die Pilze putzen und in Scheiben schneiden. Die Zwiebeln schälen, fein würfeln. Den Speck in einer Pfanne ohne Fett kroß braten, beiseite legen. Die Pilze im Fett des Specks 3 Minuten anbraten. Zwiebeln dazugeben, alles etwa 8 Minuten dünsten, dann die Pilze herausnehmen.

Schritt 1

2 Butter in der Pfanne zerlassen und Mehl darin 3 Minuten unter Rühren anschwitzen lassen. Sahne einrühren. Pilze wieder hineingeben, erhitzen. Petersilie daruntermischen. Mit Salz und Pfeffer würzen.

3 Für die Creme den Frischkäse mit der Sahne glattrühren. Mit Salz und Pfeffer würzen. Die Preiselbeeren locker unterheben.

Schritt 3

4 Butterschmalz in einer Pfanne erhitzen. Filets kalt abbrausen, trockentupfen und von jeder Seite 4-5 Minuten braten. Salzen, pfeffern und warm stellen. Brot im Bratenfett beidseitig kurz anrösten.

Schritt 4

5 Die Brotscheiben auf 4 Teller geben und die Steaks darauf legen. Die Pilze auf dem Fleisch verteilen und die Speckscheiben darauf legen. Die Preiselbeercreme neben den Toasts auf den Tellern anrichten.

Zubereiten **30** Min. Garen **25** Min.
Pro Portion: 935 kcal/3911 kJ; 45 g EW; 64 g F; 44 g KH

TYPISCH DÄNISCH
Die Dänen essen vermutlich nichts so häufig wie Smørrebrød. Dabei ist die Nationalspeise mehr als ein mit Fleisch, Fisch oder Käse belegtes Brot. Das Garnieren mit Remoulade, Gurken oder Kapern ist eine Kunst, die sogar einen eigenen Berufsstand hervorgerufen hat.

GEMÜSESPÄTZLE IN PFIFFERLINGRAHM

DEUTSCHLAND

Spätzle, die Nudelspezialität aus Schwaben, sollten Sie einmal frisch zubereitet genießen. Probieren Sie die außergewöhnliche Kräuter-Variation mit jungem Gemüse und Pfifferlingen.

ZUTATEN

(Für 4 Portionen)

FÜR DIE SPÄTZLE

- 250 g Mehl
- 3 Eier (siehe Zutatentip)
- Salz
- 4 EL gehackte Kräuter (z. B. Petersilie, Dill, Kresse, Estragon), 30 g Butter

FÜR DAS GEMÜSE

- 250 g Pfifferlinge
- 150 g Frühlingszwiebeln
- 40 g Butter
- Salz, schwarzer Pfeffer
- je 250 g Möhren, Kohlrabi Brokkoli
- 150 g saure Sahne
- 2 EL gehackte Petersilie

ZUTATENTIP

Verwenden Sie nur ganz frische Eier, die dem Teig einen feinen Geschmack geben. Die Wassermenge hängt von der Eiergröße ab. Deshalb zuerst nur einen Teil davon zufügen.

1 Mehl, Eier, etwa 150 ml Wasser und 1 TL Salz in eine Rührschüssel geben und mit den Knethaken des Handrührgerätes so lange schlagen, bis ein zäher Teig entstanden ist. Dann die Kräuter unterrühren.

2 Reichlich Salzwasser in einem großen, Topf aufkochen. Teig portionsweise auf ein feuchtes Brett geben. Mit einem in Wasser getauchten, langen Messer vom Teig schmale Streifen in das Wasser schaben (siehe Kochtip). Wenn die Spätzle an der Oberfläche schwimmen, mit einem Schaumlöffel herausheben und abschrecken. Butter in einer Pfanne zerlassen, Spätzle darin schwenken.

3 Die Pfifferlinge putzen, halbieren. Die Frühlingszwiebeln putzen, waschen, in Scheiben schneiden. 30 g Butter zerlassen. Pilze und Zwiebeln darin in 3-5 Minuten anbraten. Salzen, pfeffern, herausnehmen.

4 Möhren und Kohlrabi schälen, in Stifte schneiden. Brokkoli waschen, putzen, in Röschen teilen, Stiele in Scheiben schneiden. Restliche Butter zerlassen. Gemüse darin in 10 Minuten zugedeckt dünsten. Salzen und pfeffern. Saure Sahne, Pfifferlinge, Spätzle zufügen. Erhitzen und Petersilie unterrühren.

Schritt 2

Schritt 3

Schritt 4

Zubereiten 1 Std. 45 Min.

Pro Portion: 525 kcal/2198 kJ; 19 g EW; 24 g F; 58 g KH

TYPISCH SCHWÄBISCH

Der schwäbische Erfindergeist hört nicht bei technischen Errungenschaften wie Zeppelin und Auto auf. Auch deutsche Küchenklassiker hat er hervorgebracht, beispielsweise Spätzle, Maultaschen und sogar Kartoffelsalat. Und das, obwohl Kartoffeln im Gegensatz zu Getreide in Schwaben eine Nebenrolle spielen.

Kochtip

Das Schaben der Spätzle erfordert etwas Übung und Geschick, damit auch wirklich feine Nudelsteifen entstehen. Es ist sehr wichtig, Brett und Messer immer wieder in Wasser zu tauchen, damit sich der leicht klebrige Teig besser lösen läßt. Einfacher geht es mit dem Spätzlehobel, den Sie im Fachhandel erhalten.

Serviertip

Reichen Sie zu diesem sättigenden Pilzgericht aus Schwaben einen knackigen Kopfsalat mit Saurer-Sahne-Sauce.

Mit den Spätzle harmoniert trockener Rotwein, etwa ein Württemberger Spätburgunder.

HOLSTEINER PILZ-KÄSE-GRATIN

DEUTSCHLAND

Dieses herzhafte Pilzgericht muß man einfach kosten: Unter goldbrauner Käsehaube garen leckere Zutaten, wie zarte Pilze, knackige Bohnen, mageres Fleisch und aromatische Tomaten.

ZUTATEN
(Für 4 Portionen)

- 300 g grüne Bohnen
- 400 g Egerlinge
- 2 Zwiebeln
- 1 EL Butter
- 50 g Räucherspeck
- Salz, schwarzer Pfeffer
- getrocknetes Bohnenkraut
- 1 große Fleischtomate
- 500 g gegarte Kartoffeln
- 150 g kalter Braten
- 30 g Schmand
- 75 g geriebener Emmentaler

FÜR DIE SAUCE
- 30 g Butter
- 30 g Mehl
- 300 ml Fleischbrühe
- 50 g Schmand

AUSSERDEM
- Fett für die Auflaufform

1 Bohnen waschen, putzen, in Stücke teilen. In kochendem Salzwasser 12 Minuten garen, abgießen. Pilze putzen und in gleich große Scheiben schneiden. Zwiebeln schälen, kleinwürfeln. Speck in Würfel schneiden.

Schritt 1

2 Butter in einer Pfanne aufschäumen lassen. Speck hineingeben und auslassen. Egerlinge darin kurz anbraten. Zwiebeln zufügen. Mit Salz, Pfeffer, Bohnenkraut würzen und 10 Minuten braten. Bohnen unterheben.

3 Für die Sauce die Butter in einem Topf zerlassen. Mehl darin anschwitzen. Brühe unterrühren und 10 Minuten köcheln lassen. Schmand unterschlagen und Pilzmischung zufügen. Alles abschmecken.

Schritt 3

4 Ofen auf 200 °C vorheizen. Tomate enthäuten, in Scheiben schneiden. Kartoffeln pellen, in Scheiben schneiden. Den Braten in dünne Streifen schneiden. Schmand mit Käse verrühren. Eine flache Auflaufform ausfetten. Zwei Dritttel der Kartoffeln einschichten. Fleisch darauf geben. Pilzmischung einfüllen. Die übrigen Kartoffel- und Tomatenscheiben dachziegelartig darauf schichten. Die Käse-Schmand-Creme darüberstreichen. Im Ofen (Gas 3; Umluft 180 °C) 35 Minuten backen.

Schritt 4

Zubereiten 1 Std. 10 Min.
Backen 35 Min.
Pro Portion: 535 kcal/2240 kJ; 29 g EW; 28 g F; 44 g KH

TYPISCH DEUTSCH

Die Vorliebe für Aufläufe hat vor allem in bäuerlichen Gegenden Tradition, denn aus den »Überbleibseln« vom Vortag läßt sich geschickt ein Resteessen zaubern. Rezepte dazu finden sich schon in über hundert Jahre alten Kochbüchern, denn selten waren die Zeiten so gut, daß man Lebensmittel verschwenden konnte.

Kochtip

Diesen Auflauf können Sie beliebig variieren: Statt der Kartoffeln eignen sich Nudeln oder Reis. Die Bohnen kann man durch gebratene Zucchinischeiben ersetzen und die Sauce kräftig mit Tomatenmark und Oregano abschmecken. Eine feinere Note erhält das Gericht, wenn Sie anstatt der Egerlinge Steinpilze verwenden.

Serviertip

Servieren Sie Ihren Gästen zum Nachtisch leckere Baiser-Törtchen mit Erdbeeren und gesüßter Schlagsahne.

Als passendes Getränk bieten sich ein Bier, etwa ein Helles, oder eine trockene Weißweinschorle an.

Kalbsmedaillons mit Pfifferlingen

Deutschland

ZUTATEN
(Für 4 Portionen)

FÜR DIE PILZE
- 500 g Pfifferlinge
- 2 Zwiebeln
- 50 g durchwachsener Speck, 20 g Butter
- 100 g Schmand
- Salz, schwarzer Pfeffer
- 1 Bund Schnittlauch

FÜR DAS FLEISCH
- 4 Kalbsmedaillons à 200 g (siehe Zutatentip)
- Salz, schwarzer Pfeffer

AUSSERDEM
- Butterschmalz zum Braten

Zutatentip
Fragen Sie bei Ihrem Metzger nach Kalbsmedaillons, die vom ausgelösten Rückenstück oder aus der Mitte des Filets geschnitten sind. Dieses zarte, magere Fleisch eignet sich besonders gut.

Nutzen Sie die Zeit, in der es frische Pfifferlinge auf dem Markt gibt, und servieren Sie Ihren Gästen zum Kalbsmedaillon ein cremiges Pilzragout, das seine pikante Note durch Speck erhält.

1 Die Pfifferlinge putzen, nicht waschen. Die Zwiebeln schälen und in feine Würfel schneiden. Den Speck von Schwarte und Knorpeln befreien und ebenso fein würfeln.

Schritt 1

2 Den Speck in einer Pfanne auslassen. Die Butter darin aufschäumen lassen. Die Pilze dazugeben und unter ständigem Rühren etwa 5 Minuten braten. Die Zwiebelwürfel in die Pfanne geben und alles in 10 Minuten gar braten. Den Schmand unterrühren. Mit Salz und Pfeffer kräftig würzen. Den Schnittlauch waschen, trockenschütteln, kleinschneiden und unter das Pilzgemüse mischen.

Schritt 2

3 Die Kalbsmedaillons unter kaltem Wasser waschen und mit Küchenpapier trockentupfen. Butterschmalz in einer schweren Pfanne erhitzen. Das Fleisch darin von jeder Seite 4-5 Minuten braten. Erst danach mit Salz und Pfeffer würzen. Die Medaillons zusammen mit den Pfifferlingen auf vorgewärmten Tellern anrichten und sofort servieren.

Schritt 3

Zubereiten 40 Min.
Pro Portion: 901 kcal/3768 kJ;
51 g EW; 53 g F; 46 g KH

Typisch Brandenburg
Im Herbst kann man in der Mark Brandenburg an einem kostenlosen Volksvergnügen teilnehmen. Groß und Klein streifen auf der Suche nach Pilzen mit Körben unterm Arm durch die »Streusandbüchse«, wie die Gegend auch genannt wird. Der sandige Boden wirkt wie Dünger für Pfifferlinge sowie andere Pilze.

KOCHTIP

Pfifferlinge sind ausgezeichnete Begleiter zu Wildgerichten wie Rehbraten oder Hirschrücken: Bereiten Sie dafür die Pilze ohne Schmand zu, und reichen Sie die Pfifferlinge zusammen mit der Bratensauce. Die perfekte Garnitur sind saftige Birnenhälften, die in Butter gebraten und mit Preiselbeeren gefüllt werden.

SERVIERTIP

Sahniger Kartoffelauflauf ist die passende Beilage zu den Kalbsmedaillons und macht dieses Gericht zu einem Festessen.

Dazu schmeckt halbtrockener Weißherbst aus dem Rheingau und danach eine Tasse Mokka.

PUTENGULASCH MIT CHAMPIGNONS

NIEDERLANDE

Ein unkompliziertes, schnell zubereitetes Gericht aus den Niederlanden: Zarte Putenstreifen und frische Champignons schmoren sanft in einer würzigen Wein-Sahne-Sauce.

ZUTATEN
(Für 4 Portionen)

- 800 g Putenbrustfilet (siehe Zutatentip)
- 300 g Champignons
- 3 Stangen Lauch
- 40 g Butter
- 1-2 Lorbeerblätter
- Salz, schwarzer Pfeffer
- 2-3 EL Mehl
- 150 ml Weißwein (siehe Zutatentip)
- 175 ml Geflügelbrühe
- 75 g Schlagsahne
- 1 Msp. geriebene Muskatnuß
- 2 EL gehackte Kräuter (z. B. Kerbel oder Petersilie)

ZUTATENTIP

- Statt Putenbrustfilet eignet sich dafür auch Hähnchenbrustfilet oder Schweinefilet.
- Wenn Kinder mitessen, können Sie den Weißwein durch Brühe ersetzen.

1 Das Putenbrustfilet mit einem scharfen Messer von Haut und Sehnen befreien. Das Fleisch unter kaltem Wasser abbrausen, und mit Küchenpapier trockentupfen. Quer zur Faser hin zuerst in Scheiben, dann in nicht zu dünne, kurze Streifen schneiden.

2 Die Champignons sorgfältig putzen und vierteln oder, je nach Größe, in Scheiben schneiden. Den Lauch putzen, gründlich waschen und schräg in Scheiben schneiden.

3 Die Butter in einer Pfanne erhitzen und das Fleisch darin bei mittlerer Hitze von beiden Seiten hellbraun anbraten. Dann die Champignons zufügen und kurz mitbraten. Den Lauch daruntermischen und kurz braten. Die Lorbeerblätter zufügen. Alles mit Salz und Pfeffer würzen. Das Mehl darüberstäuben, gut unterrrühren und aufkochen lassen.

4 Mit dem Wein ablöschen, gut umrühren. Brühe angießen und das Gulasch bei leichter Hitze 3 Minuten schmoren lassen. Ab und zu umrühren. Die Sahne zufügen und weitere 3 Minuten köcheln lassen. Mit Salz, Pfeffer und Muskat abschmecken. Zum Schluß mit den Kräutern bestreuen.

Schritt 1

Schritt 2

Schritt 3

Zubereiten **30** Min. Garen **15** Min.
Pro Portion: 434 kcal/1821 kJ; 54 g EW; 17 g F; 12 g KH

TYPISCH NIEDERLÄNDISCH

Champignons und Kartoffeln, Tomaten und Gurken zählen neben einem reichhaltigen Angebot an holländischen Blumen zu den Exportschlagern. Denn die Niederlande haben sich wie kaum ein anderes Land auf den Gemüseanbau spezialisiert. Gigantische Gewächshäuser prägen die Landschaft.

Kochtip

Wer einen kräftigeren Geschmack bevorzugt, kann das Putenfleisch vor dem Garen etwa 6 Stunden in eine Marinade aus Sherry, feingehackter Ingwerwurzel, Knoblauch und scharfem Paprikapulver einlegen. Die Weinmenge sollten Sie dann allerdings reduzieren und das Gericht ohne Sahne und Muskat zubereiten.

Serviertip

Knusprig fritierte Kartoffelpuffer passen zum Putengulasch und sind nicht nur bei den Holländern beliebte Begleiter.

Trinken Sie dazu ein leichtes Bier. Nach dem Essen können Sie einen Wacholderbrannt reichen.

SERVIERTIP Crêpes-Fans mögen als Abschluß noch eine süße Variante mit Schokoladensauce.

In Frankreich trinkt man zu den Crêpes gerne Cidre, den lieblichen oder trockenen Apfelwein.

CRÊPES MIT BUNTER CHAMPIGNONFÜLLUNG

FRANKREICH

Die zarten, dünnen Pfannkuchen mit bunter Gemüsefüllung und Champignons sollten Sie sich nicht entgehen lassen. Ein einfaches, fleischloses Gericht, das köstlich schmeckt.

ZUTATEN

(Für 4 Portionen)

FÜR DEN TEIG

- 250 g Mehl, 6 kleine Eier
- ½ l Milch, 100 g Butter
- Salz, weißer Pfeffer

FÜR DIE FÜLLUNG

- 1 Bund Frühlingszwiebeln
- 2 Knoblauchzehen
- 300 g Möhren
- 300 g Zucchini
- 400 g Kohlrabi
- 400 g Egerlinge, 40 g Butter
- 100 g Crème fraîche
- Salz, schwarzer Pfeffer
- 4 EL gehackter Kerbel
- 100 g geriebener Ziegenkäse (siehe Zutatentip)

AUSSERDEM

- Butterschmalz zum Backen

ZUTATENTIP

Kaufen Sie für dieses Gericht einen milden Ziegenkäse, wie »Crottin de Chavignol«.

1 Mehl und Eier in einer Rührschüssel mit den Schneebesen des Handrührgerätes verquirlen. Nach und nach Milch zugeben, dabei weiterrühren. Butter zerlassen, zufügen. 3 TL Salz zufügen. So lange rühren, bis ein gleichmäßiger Teig entstanden ist. Zum Ausquellen zugedeckt 45 Minuten kühl stellen.

Schritt 1

2 Frühlingszwiebeln putzen, waschen, in dünne Scheiben schneiden. Knoblauch schälen, fein würfeln. Möhren, Zucchini, Kohlrabi waschen, putzen in dünne Streifen schneiden. Pilze putzen, vierteln. Butter in einer Pfanne aufschäumen lassen. Gemüse darin 10 Minuten garen. Crème fraîche unterrühren. Mit Salz und Pfeffer würzen. Kerbel unterheben und warm stellen.

Schritt 2

3 Butterschmalz in einer Pfanne zerlassen. Bei mäßiger Hitze darin nacheinander 16 Crêpes goldbraun backen. Fertige Crêpes übereinander schichten und im Backofen bei etwa 50 °C warm halten.

Schritt 3

4 Jeweils etwas Gemüsefüllung auf die Crêpes geben und Käse darauf streuen. Crêpes zu Vierteln falten. Jeweils 4 Crêpes auf einen flachen Teller geben.

Zubereiten **1** Std. **15** Min.
Quellen **45** Min.
Pro Portion: 1042 kcal/4354 kJ; 33 g EW; 72 g F; 65 g KH

TYPISCH FRANZÖSISCH

Was in der Bretagne als Brot des armen Mannes begann, entwickelte sich im letzten Jahrhundert zum feinen Dessert und wird oft als kleiner Imbiß zwischendurch gegessen: Crêpes – die hauchdünnen Pfannkuchen gibt es in unzähligen, auch flambierten Variationen.

CHAMPIGNONGRATIN »CHAMBORD«

FRANKREICH

Während Sie sich um die Gäste kümmern, gart das Gratin ganz von alleine. Genau das Richtige für ein kleines, feines Abendessen. Es beeindruckt und läßt sich gut vorbereiten.

ZUTATEN

(Für 4 Portionen)

- 400 g Champignons
- 2 Frühlingszwiebeln
- 1 Knoblauchzehe
- 30 g Butter
- 2 EL Himbeeressig (siehe Zutatentip)
- Salz, schwarzer Pfeffer

FÜR DIE SAUCE

- 20 g Butter, 1 EL Mehl
- 300 ml Milch
- 5 EL Schlagsahne
- 1 TL getrockneter Estragon
- 50 g Gruyère
- 5 EL Weißwein, Salz

AUSSERDEM

- 2 EL gehackte Petersilie

ZUTATENTIP

Himbeeressig erhalten Sie in jedem größeren Supermarkt. Er hat eine fruchtige Note und eignet sich gut zum Verfeinern von Pilzgerichten.

1 Champignons putzen, eventuell mit einem feuchten Tuch abreiben und in Scheiben schneiden. Frühlingszwiebeln putzen, waschen, in sehr dünne Scheiben schneiden. Knoblauch schälen und durch die Presse drücken. Butter in einer Pfanne zerlassen. Champignons, Zwiebeln und Knoblauch darin bei mittlerer Hitze 5 Minuten andünsten. Essig unterrühren. Salzen und pfeffern.

Schritt 1

2 Für die Sauce Butter in einem Topf zerlassen. Mehl zufügen und bei schwacher Hitze etwa 3 Minuten anschwitzen lassen. Milch nach und nach unterrühren. Bei schwacher Hitze aufkochen lassen, dabei mit einem Schneebesen so lange weiterschlagen, bis eine cremige Konsistenz erreicht ist.

Schritt 2

3 Die Sahne und den Estragon unterrühren und die Sauce 20 Minuten leicht köcheln lassen. Den Käse auf einer Käsereibe reiben und mit dem Weißwein dazugeben. So lange rühren, bis der Käse geschmolzen ist. Salzen und den Backofen auf 225 °C vorheizen.

Schritt 3

4 Pilze in die Sauce geben. Salzen, pfeffern. In 4 feuerfeste Förmchen geben. Im Ofen (Umluft 200 °C; Gas 4) 15 Minuten überbacken. Mit Petersilie bestreuen.

Zubereiten **30** Min. Garen **1** Std.
Pro Portion: 279 kcal/1165 kJ;
10 g EW; 21 g F; 10 g KH

TYPISCH LOIRETAL

Die prächtigsten Champignons des Landes gedeihen unterirdisch in den weitverzweigten Tuffsteinhöhlen an den Ufern der Loire. Einst sollen hier die Römer Kellergewölbe in das Gestein gesprengt haben, welche heute nicht nur für die Champignonzucht, sondern auch für die Lagerung von Wein genutzt werden.

Kochtip

Die Käsesauce aus diesem Rezept können Sie sehr gut zum Überbacken von grünem oder weißem Spargel nehmen: Dafür das Gemüse knapp gar kochen und abtropfen lassen. Dann in eine flache Auflaufform geben und mit der Sauce übergießen. Im Backofen bei 225 °C in etwa 12 Minuten goldbraun werden lassen.

Serviertip

Servieren Sie das Champignongratin zu gegrillten Lammkoteletts und Bohnen. Dazu können Sie auch Baguette reichen.

Passend ist ein trockener Weißwein, wie Chablis. Bei festlichen Anlässen Champagner anbieten.

SCHWEIZER PILZ-KÄSE-TASCHEN

SCHWEIZ

Pilze, Mangold und Emmentaler-Käse verstecken sich in einer goldbraun gebackenen Blätterteigtasche und kommen in Begleitung einer sahnigen Apfel-Senf-Sauce auf den Tisch.

ZUTATEN
(Für 4 Portionen)

- 4 Scheiben Tiefkühl-Blätterteig (je etwa 90 g)
- 125 g Pfifferlinge
- 125 g Champignons
- 3 Schalotten
- 2 Knoblauchzehen
- 4 EL Butter
- 3 EL Zitronensaft
- Salz, schwarzer Pfeffer
- 200 g Blattmangold
- 1 EL Crème fraîche
- 50 g gekochter Schinken
- 85 g geriebener Emmentaler
- geriebene Muskatnuß
- getrockneter Estragon
- 1 Eigelb, 1 EL Milch
- Fett für das Backblech

FÜR DIE SAUCE
- 1 geriebener Apfel
- 150 g Crème fraîche
- 2 EL gehackter Sauerampfer
- 3 TL Dijon-Senf, Zucker

1 Teig auftauen. Pilze putzen, Schalotten und Knoblauch schälen, alles fein hacken. 3 EL Butter zerlassen, zerkleinerte Zutaten darin 5 Minuten bräunen. Mit 1 EL Zitronensaft ablöschen, mit Salz und Pfeffer würzen.

2 Mangold waschen, putzen, fein hacken. Übrige Butter zerlassen, Mangold darin 5 Minuten garen. Crème fraîche zufügen. Schinken in Streifen schneiden, mit Käse (1 EL beiseite stellen) und Mangold zu den Pilzen geben. Mit Muskat und Estragon würzen. Backofen auf 200 °C vorheizen.

3 Teig zu Quadraten von 20 cm ausrollen. Ränder mit Wasser anfeuchten, Füllung in die Mitte geben. Teig zu Dreiecken klappen, obere Teigplatte soll 1 cm kürzer sein. Untere Teigränder darüberlegen, mit einer Gabel festdrücken, die Ecken hochdrehen. Eigelb und Milch verquirlen und Oberfläche damit bestreichen. Taschen auf ein gefettetes Blech setzen und im Ofen (Gas 3; Umluft 180 °C) etwa 25 Minuten backen. 5 Minuten vor Ende der Backzeit mit restlichem Käse bestreuen.

4 Den geriebenen Apfel mit 2 EL Zitronensaft, Crème fraîche, Sauerampfer und Senf verrühren. Mit Zucker abschmecken.

Schritt 2

Schritt 3

Schritt 4

Zubereiten **1** Std. Garen **40** Min.
Pro Portion: 733 kcal/3066 kJ; 16 g EW; 57 g F; 39 g KH

TYPISCH SCHWEIZERISCH

Eine Vorliebe für Pilze schreibt man schon den frühen Besiedlern der Schweiz zu. Burgunder und Alemannen sollen dem Genuß eines Pilzes gefröhnt haben, von dem abgeraten wird: dem Fliegenpilz. Mehr Wirkung als Geschmack war das Ziel, denn in kleiner Dosierung galt er als Aufputschmittel und Aphrodisiakum.

KOCHTIP

Die Pilz-Käse-Taschen sehen mit Verzierungen auf der Oberfläche festlich und gleichzeitig originell aus: Einfach aus einer Teigplatte mit kleinen Ausstechformen je nach Anlaß Motive ausstechen, wie Sterne, zwei Herzen oder ein Glücksschwein. Dann die Motive mit Eigelb befestigen und damit bestreichen.

SERVIERTIP

Richten Sie, wenn es etwas besonderes sein soll, die Pilz-Käse-Taschen mit Rehmedaillons und Preiselbeeren an.

Ein trockener Gutedel aus dem Kanton Waadt oder eine Weinschorle sind dazu gerade richtig.

KREMSER CHAMPIGNON-FRIKADELLEN

ÖSTERREICH

In Österreich versteht man sich auf Pilzgerichte, wie diese Pilz-Frikadellen beweisen. Kräuter und Zwiebeln sorgen für Würze. Eine aromatische Quarksauce gibt Raffinesse.

ZUTATEN
(Für 4 Portionen)

- 2 altbackene Brötchen
- 350 ml Milch
- 500 g Champignons
- 2 Zwiebeln (100 g)
- 1 Knoblauchzehe
- 50 g Butter
- Salz, schwarzer Pfeffer
- 2-3 TL getrockneter Majoran
- 2 Eier
- 100 g Semmelbrösel
- 100 g Quark (20% F. i. Tr.)
- 1 Bund gemischte Kräuter (Dill, Petersilie, Kresse)
- Butterschmalz zum Braten

FÜR DIE SAUCE

- 150 g Quark (20% F. i. Tr.)
- 6 EL Milch
- 2 El Zitronensaft
- 3 kleine Tomaten (100 g)
- 1 Stück Salatgurke (100 g)
- 1 kleine Zwiebel
- 1 Bund gemischte Kräuter
- Salz, schwarzer Pfeffer

1 Brötchen in Stücke schneiden. Milch erhitzen und Brötchen darin 10 Minuten einweichen. Dann gut mit der Milch verkneten.

2 Champignons putzen, fein hacken. Zwiebeln und Knoblauch schälen und fein würfeln. Butter in einer Pfanne zerlassen. Pilze hineingeben und bei mittlerer Hitze dünsten, bis die Flüssigkeit verdampft ist. Zwiebeln und Knoblauch hineingeben und etwa 5 Minuten braten. Mit Salz, Pfeffer und Majoran kräftig würzen. Abkühlen lassen.

3 Brötchen, Pilze, Eier, Semmelbrösel und Quark in eine Schüssel geben. Kräuter waschen, trockenschütteln, fein hacken und untermischen. Alles gut verkneten. Mit Salz und Pfeffer würzen. Den Teig 20 Minuten quellen lassen, dann mit angefeuchteten Händen daraus 8-10 flache Frikadellen formen.

4 Butterschmalz in einer Pfanne erhitzen. Frikadellen darin in jeweils 10 Minuten braten. Für die Sauce Quark, Milch, Zitronensaft glattrühren. Tomaten, Gurke entkernen. Zwiebel schälen. Kräuter waschen, trockenschütteln. Alle Zutaten fein hacken, unter den Quark rühren. Mit Salz, Pfeffer würzen und zu den Champignon-Frikadellen reichen.

Schritt 2

Schritt 3

Schritt 4

Zubereiten **1** Std. Garen **40** Min.
Quellen **20** Min.

Pro Portion: 527 kcal/2200 kJ; 23 g EW; 32 g F; 37 g KH

TYPISCH ÖSTERREICHISCH

Taufrische Kräuter kommen in zahlreichen bäuerlichen Speisen zum Einsatz, schließlich bieten die Almen ein üppiges Angebot. Früher waren Kräuter ein wichtiges Element der Klosterkultur. Die Mönche schätzten nicht nur ihre Würzkraft, sondern stellten in den hauseigenen Apotheken daraus auch Medizin her.

Kochtip

• Sie können die Frikadellen auch zur Hälfte aus gemischtem Hackfleisch und Champignons zubereiten. Dann sollten Sie aber die Brötchen und die Milch weglassen. Die Garzeit ist etwa 5 Minuten länger.

• Die Frikadellen können sehr gut eingefroren und ganz einfach in der Pfanne aufgebacken werden.

Serviertip

Leichte Beilagen, wie Möhren-Apfel-Rohkost und neue Pellkartoffeln, sind die ideale Ergänzung zu den Frikadellen.

Dieses Gericht verlangt nach einem Grünen Veltliner aus dem Kremstal oder einem Apfelwein.

*P*ILZRAGOUTS 3 x ANDERS

Ob als Hauptgericht oder Beilage – diese feinen Pilzragouts sind schnell zubereitet und lassen sich beliebig variieren.

PFIFFERLINGE IN EIERSAHNE

Zubereiten **30** Min. Garen **15** Min.

DEUTSCHLAND

(FÜR 4 PORTIONEN)

- **500 g Pfifferlinge**
- **75 g durchwachsener Speck**
- **2 Bund Frühlingszwiebeln**
- **2 EL Butter**
- **Salz, schwarzer Pfeffer**
- **8 Eier**
- **8 EL Schlagsahne**
- **1 Bund Dill**
- **1 Bund glatte Petersilie**

1 Die Pfifferlinge gründlich putzen und in mundgerechte Stücke schneiden. Den Speck würfeln. Die Frühlingszwiebeln putzen und waschen. Danach in Ringe schneiden.

2 Speckwürfel in einer Pfanne auslassen. Butter darin erhitzen, Pilze zufügen, anbraten. Zwiebeln dazugeben und kurz mitbraten. Vorsichtig mit Salz und kräftig mit Pfeffer würzen. Backofen auf 175 °C vorheizen.

3 Eier mit Sahne verquirlen. Salzen, pfeffern. Dill und Petersilie waschen, trockenschütteln und hacken. Die Hälfte unter die Eier rühren.

4 Pilze in Formen füllen. Eiersahne darübergeben. Im Ofen (Gas 2; Umluft 150 °C) 15 Minuten stocken lassen. Mit den restlichen Kräutern bestreuen.

CHAMPIGNON-

Zubereiten **25** Min.

FRANKREICH

(FÜR 4 PORTIONEN)

- **500 g kleine Champignons**
- **5 Schalotten**
- **2 Knoblauchzehen**
- **2 EL Olivenöl**
- **1 Dose Tomaten (400 g)**
- **2 Zweige Rosmarin**
- **½ TL Fenchelsamen**
- **Salz, schwarzer Pfeffer**
- **½ Zitrone, 1 Bund Petersilie**

1 Champignons putzen, Schalotten, Knoblauch schälen, würfeln. Öl in einer Pfanne er-

Schwammerlgulasch

Zubereiten **40** Min.

Österreich

(Für 4 Portionen)

- **500 g Pfifferlinge**
- **2 Zwiebeln**
- **1 Knoblauchzehe**
- **75 g durchwachsener Speck**
- **Salz, schwarzer Pfeffer**
- **25 g Butter**
- **25 g Mehl**
- **¼ l Gemüsebrühe**
- **4 EL Schlagsahne**
- **1 Bund Schnittlauch**

1 Pfifferlinge putzen, in mundgerechte Stücke schneiden. Zwiebeln und Knoblauch schälen, würfeln. Speck würfeln, in einer Pfanne auslassen. Zwiebeln, Knoblauch und Pfifferlinge zufügen, 8 Minuten braten. Salzen und pfeffern.

2 Butter in einem großen Topf zerlassen, Mehl darin anschwitzen. Brühe angießen. Unter Rühren aufkochen, in 3 Minuten sämig werden lassen. Dann Sahne unterrühren.

3 Die Pfifferlinge in die Sauce geben und erwärmen. Salzen und pfeffern. Den Schnittlauch abbrausen, trokkenschütteln, in Röllchen schneiden und über die Pfifferlinge streuen.

Tomaten-Ragout

Garen **15** Min.

hitzen. Schalotten, Knoblauch, Pilze darin nacheinander braten.

2 Tomaten mit Saft zugeben. Rosmarin und Fenchelsamen zufügen. Mit Salz und Pfeffer würzen. Bei schwacher Hitze 15 Minuten offen köcheln lassen, Tomaten dabei zerdrücken.

3 Zitrone auspressen. Saft unter die Pilzmischung geben Petersilie waschen, trockenschütteln, hacken. Unter die Pilze rühren. Rosmarin entfernen. Salzen und pfeffern.

Kohlrouladen mit Hackfleisch-Pilz-Füllung

Polen

Haben Sie öfter mal Appetit auf etwas Herzhaftes? Dann sollten Sie sich von der polnischen Spezialität am besten gleich einen Vorrat anlegen, denn Kohl schmeckt aufgewärmt am besten.

Zutaten
(Für 4 Portionen)

- 1 großer Weißkohl (siehe Zutatentip)
- 250 g Champignons
- 50 g Schweineschmalz
- 2 mittelgroße Zwiebeln
- 2 Knoblauchzehen
- 30 g Langkornreis
- 500 g Schweinehackfleisch
- 1 Ei
- 1 EL gemahlener Kümmel
- 1 EL getrockneter Majoran
- 4 EL Schnittlauchröllchen
- Salz, schwarzer Pfeffer

Für die Sauce

- 75 ml Gemüsebrühe
- 75 g Tomatenmark
- 3 EL Schlagsahne

Zutatentip

Statt Weißkohl können Sie auch Wirsing nehmen. Den Kopf kurz blanchieren und erst dann die Blätter ablösen.

1 Kohl putzen, 16 große Blätter ablösen und etwa 2 Minuten blanchieren. Dann herausnehmen, kalt abschrecken und trockentupfen.

2 Champignons putzen, fein hacken und in einer Pfanne in 2 EL Schmalz bei mittlerer Hitze braten, bis die Flüssigkeit verdampft ist. Zwiebeln und Knoblauch schälen und fein hacken. In einem Topf 3 EL Schmalz zerlassen. Zwiebeln, Knoblauch und Reis darin etwa 10 Minuten dünsten. Abkühlen lassen.

3 Pilze, Reismasse, Hackfleisch, Ei, Kümmel, Majoran, 3 EL Schnittlauch, Salz und Pfeffer verkneten. Zu 8 länglichen Portionen formen. Jeweils 2 Kohlblätter halb übereinander legen, Füllung einrollen. Dafür am Strunk beginnen, Seiten darüberlegen und zur Spitze hin fest zusammenrollen.

4 Übriges Schmalz in einem Bräter zerlassen. Rouladen hineinlegen, 25 Minuten von allen Seiten bei mittlerer Hitze braten (siehe Kochtip). Zugedeckt 45 Minuten garen. Ab und zu wenden. Bratensatz mit Brühe aufkochen, Tomatenmark unterrühren. Sahne zufügen und cremig einkochen. Mit Salz und Pfeffer abschmecken. Zum Schluß restlichen Schnittlauch unterrühren.

Schritt 1

Schritt 2

Schritt 3

Zubereiten **50** Min.
Garen **1** Std. **20** Min.
Pro Portion: 765 kcal/3195 kJ; 30 g EW; 64 g F; 18 g KH

Typisch polnisch

Kohl und Pilze sind seit altersher wesentliche Bestandteile der polnischen Küche, wo sie, wie bei diesem Rezept, gerne kombiniert werden. Um auch in den kargen Wintermonaten nicht auf die beliebten Nahrungsmittel verzichten zu müssen, legen sie viele polnische Hausfrauen in Essig und Salz ein.

Kochtip

- Nutzen Sie beim Wickeln der Rouladen die natürliche Krümmung der Kohlblätter. Außerdem sollte der Kohl sehr langsam gebraten werden, denn dadurch entwickelt sich sein typisches Aroma.
- Braten Sie die Rouladen mit der Nahtstelle nach unten an. So können sie nicht auseinanderfallen.

Serviertip

Die kräftigen Kohlrouladen verlangen als Begleitung Salzkartoffeln mit Butter und einen knackigen grünen Blattsalat.

Ein kühles Bier löscht den Durst. Weintrinkern können Sie einen leichten Weißwein anbieten.

Serviertip Ein landestypischer Begleiter zum altböhmischen Pilzgericht sind Serviettenknödel.

Zum Essen empfiehlt sich ein herbes Pils. Wer keinen Alkohol mag, trinkt ein alkoholfreies Bier.

Altböhmische Waldpilzpfanne

Tschechien

Die Kombination einfacher Zutaten, wie Speck und Schinken, Eier und gemischte Kräuter, macht die ländliche Speise zu einem deftigen Genuß. Paprika und Muskat sorgen für Würze.

ZUTATEN
(Für 4 Portionen)

- 500 g gemischte Waldpilze (Pfifferlinge, Steinpilze, Maronen; siehe Zutatentip)
- 2 Zwiebeln
- 2 Knoblauchzehen
- 50 g Räucherspeck
- 1 EL Schweineschmalz
- Salz, schwarzer Pfeffer
- 6 Eier, 2 EL Schlagsahne
- geriebene Muskatnuß
- edelsüßes Paprikapulver
- 1 Bund gemischte Kräuter
- 50 g roher Schinken
- 50 g gekochter Schinken

AUSSERDEM
- 4 große Scheiben Graubrot
- 4 EL Griebenschmalz
- 2 EL Schnittlauchröllchen

Zutatentip
Sollten Sie keine Waldpilze erhalten, nehmen Sie Egerlinge oder Austernpilze. Diese aber in Streifen schneiden.

1 Die Waldpilze putzen. Eventuell mit einem feuchten Küchentuch säubern. Danach die Pilze je nach Größe in mundgerechte Stücke oder in Scheiben schneiden.

2 Zwiebeln und Knoblauch schälen und fein würfeln. Speck von Schwarte und Knorpeln befreien, fein würfeln und in einer großen Pfanne auslassen. Schweineschmalz zufügen und zerlassen. Zwiebeln, Knoblauch und Pilze darin unter Rühren bei mittlerer Hitze etwa 8 Minuten braten, bis die Flüssigkeit verdampft ist. Salzen und pfeffern.

3 Eier und Sahne in einer Schüssel verquirlen. Mit Salz, Muskat und Paprika würzen. Kräuter waschen, trockenschütteln, hacken. Unter die Eiermasse heben. Rohen und gekochten Schinken in Streifen schneiden.

4 Die Eiermasse über das Pilzgemüse in der Pfanne gießen und leicht erhitzen. Sobald die Eier anfangen zu stocken, den Schinken darübergeben und die Eier vom Rand zur Mitte zusammenschieben. Nicht rühren, sonst wird die Masse trocken. Das Brot mit Griebenschmalz bestreichen, mit Salz und Schnittlauch bestreuen und dazu reichen.

Schritt 1

Schritt 2

Schritt 3

Zubereiten **25** Min. Garen **20** Min.
Pro Portion: 577 kcal/2404 kJ;
23 g EW; 39 g F; 32 g KH

Typisch tschechisch
Zu Zeiten der k. u. k. Monarchie waren böhmische Spezialitäten längst überregional beliebt. Allen voran der Knödel, der sich einer Anhängerschaft in ganz Mitteleuropa erfreuen konnte. In wohlhabenden Haushalten war es Mode, eine Köchin aus Böhmen zu engagieren.

ZEMPLÉNER PILZTOPF MIT PAPRIKA

UNGARN

In der ungarischen Küche darf Paprika auf keinen Fall fehlen. Ob als Gemüse oder scharfes Gewürz, der herzhafte Pilztopf erhält durch die Schoten seinen landestypischen Geschmack.

ZUTATEN
(Für 4 Portionen)

- 500 g Champignons
- 300 g dicke Rippe (siehe Zutatentip)
- 50 g Räucherspeck
- 1 Gemüsezwiebel (300 g)
- 3 Knoblauchzehen
- 1 EL Schweineschmalz
- Salz, schwarzer Pfeffer
- 400 g Fleischtomaten
- ½ l Tomatensaft
- 200 g gewürfelter Bauchspeck
- 2 Lorbeerblätter
- 3 Zweige Majoran
- je 250 g rote und grüne Paprikaschoten
- scharfes Paprikapulver
- 50 g saure Sahne
- 1 Bund gehackte Petersilie

ZUTATENTIP
Wenn Ihnen die dicke Rippe zu fett ist, können Sie dafür mageres Kasseler verwenden.

1 Champignons gründlich putzen, danach vierteln. Fleisch abbrausen, trockentupfen und den Knochen auslösen. Fleisch und Speck würfeln. Zwiebel und Knoblauch schälen und fein würfeln.

2 Speck in einer großen Pfanne auslassen, Schmalz dazugeben und Fleischwürfel und Knochen darin bei mittlerer Hitze anbraten. Zwiebel- und Knoblauchwürfel zufügen, mitbraten. Mit Salz und Pfeffer würzen. Tomaten kurz blanchieren, enthäuten und in Stücke schneiden. Tomatensaft, Bauchspeckwürfel, Lorbeer und Majoran dazugeben. Abschmecken und etwa 50 Minuten leicht köcheln lassen.

3 Paprikaschoten halbieren, von Stielansatz und Samensträngen befreien, waschen und in 2 cm lange Streifen schneiden. In die Pfanne geben, etwa 10 Minuten mitkochen.

4 Die vorbereiteten Pilze daruntermischen und das Ganze offen in etwa 10 Minuten einkochen lassen. Lorbeer und Majoran entfernen. Den Pilztopf kräftig mit Salz, Pfeffer und Paprika würzen. Saure Sahne unterheben und gehackte Petersilie darüberstreuen.

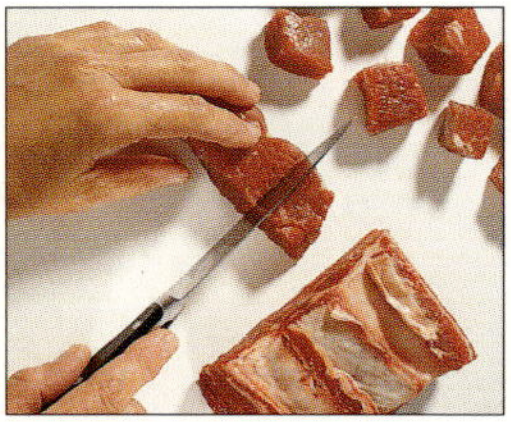

Schritt 1

Schritt 2

Schritt 3

Zubereiten **25** Min.
Garen **1** Std. **20** Min.
Pro Portion 510 kcal/2131 kJ;
20 g EW; 41 g F; 16 g KH

TYPISCH UNGARISCH
Dieses herzhafte Gericht stammt aus der Zempléner Region, einem Mittelgebirge im Nordosten Ungarns. Wo vor Millionen Jahren Lava brodelte, konnte sich später fruchtbares Land entwickeln. So gedeiht am Fuße des Höhenzuges der berühmte Tokajer Wein, der bis in den Dezember hinein geerntet wird.

Kochtip

Probieren Sie einmal eine fleischlose Variante dieses Rezeptes: 500 g Champignons sowie das restliche Gemüse zusammen mit 400 g Zucchinischeiben in etwas Öl anbraten. 1 kleine Dose ganze Tomaten mit dem Saft zufügen und mit Instant-Gemüsebrühe abschmecken. Graubrot würfeln und darübergeben.

Serviertip

Reichen Sie dazu ungarische Nockerln, die Spätzle sehr ähnlich sind. Auch frisches Bauernbrot gehört zu diesem Essen.

Passendes Getränk ist ein kräftiger Rotwein, wie Erlauer Stierblut. Sodawasser löscht den Durst.

Petersburger Steinpilzragout

Russland

Frische Steinpilze, Speckwürfel und Kartoffeln harmonieren hier bestens mit der Sahnesauce. Dillspitzen sorgen für Farbtupfer. Ein exquisites Gericht für besondere Anlässe.

ZUTATEN
(Für 4 Portionen)

- 750 g neue mehligkochende Kartoffeln
- 250 g Zwiebeln
- 150 g durchwachsener Speck, 750 g Steinpilze (siehe Zutatentip)
- 50 g Butter
- Salz, weißer Pfeffer

FÜR DIE SAUCE

- 30 g Butter, 30 g Mehl
- ¼ l Kalbsfond
- 250 g Schlagsahne
- ¼ l Milch
- Salz, weißer Pfeffer
- geriebene Muskatnuß
- 2 Bund Dill

Zutatentip

Nehmen Sie außerhalb der Steinpilzsaison Egerlinge und zusätzlich 20 g eingeweichte getrocknete Steinpilze. Dann das Einweichwasser statt der Milch für die Sauce nehmen.

1 Kartoffeln waschen, in einem Topf mit Wasser aufsetzen und etwa 20 Minuten garen (siehe Kochtip). Abkühlen lassen, pellen, in Scheiben schneiden. Beiseite stellen.

Schritt 1

2 Zwiebeln schälen und fein würfeln. Speck von Schwarte und Knorpeln befreien und würfeln. Steinpilze mit einem feuchten Tuch putzen. Danach in mundgerechte Scheiben oder Stücke schneiden.

3 Speck in einer großen Pfanne bei mäßiger Hitze auslassen. Zwiebeln zufügen, glasig werden lassen. Butter darin zerlassen. Steinpilze dazugeben, anbraten und zugedeckt 5 Minuten schmoren. Offen unter Rühren in 5 Minuten garen. Mit Salz und Pfeffer würzen, herausnehmen und warm stellen.

Schritt 3

4 Für die Sauce Butter in der Pfanne zerlassen und Mehl darin anschwitzen lassen. Fond angießen, mit dem Schneebesen rasch durchschlagen. Sahne und Milch kräftig unterrühren und bei schwacher Hitze sämig einkochen. Mit Salz, Pfeffer und Muskat würzen. Dill waschen, trockenschütteln, fein hacken und unterrühren. Kartoffelscheiben unterheben, 5 Minuten ziehen lassen. Pilzmischung zufügen. Nochmals abschmecken.

Schritt 4

Zubereiten **40** Min. Garen **50** Min.
Pro Portion: 864 kcal/3609 kJ;
18 g EW; 65 g F; 53 g KH

Typisch russisch

Bei einem jährlichen Pro-Kopf-Verzehr von bis zu 15 Kilogramm sind die Russen echte Pilzliebhaber, die sich zahlreiche Methoden zur Konservierung ausgedacht haben. Daran dürften die strikten Regeln der Fastenzeit nicht ganz unschuldig sein, erlauben sie doch weder Fleisch, Eier noch Milchprodukte.

KOCHTIP

Dill unterstreicht ganz wesentlich den Geschmack dieses Gerichtes und ist sehr typisch für die russische Küche. Geben Sie deshalb einige Dillstengel in das Kochwasser zu den Kartoffeln, denn sie erhalten dadurch ein feines Aroma. Notfalls können Sie dafür getrockneten oder tiefgefrorenen Dill verwenden.

SERVIERTIP

Grüner Salat mit Radieschen und Gurken ergänzen optimal. Zusammen mit Schweinefilet ist das ein tolles Gericht.

Als Getränk paßt ein Sauerkirschsaft. Nach dem Essen unbedingt Wodka anbieten.

Chinesische Mu-Err-Pilze mit Bohnen

Das pikante Pilzgericht mit buntem Gemüse ist blitzschnell fertiggestellt und erhält durch Chilischoten eine feine Schärfe. Knoblauch und Reiswein sorgen für würzige Raffinesse.

CHINA

ZUTATEN
(Für 4 Portionen)

- 25 g getrocknete Mu-Err-Pilze (siehe Zutatentip)
- 300 g Schweinefilet
- 5 Knoblauchzehen
- 6 EL dunkle Sojasauce
- 4 EL Reiswein (ersatzweise Sherry)
- 2 EL Maisstärke
- 350 g grüne Bohnen
- 250 g rote Paprikaschoten
- 2 rote Chilischoten
- 200 g Bambussprossen (Glas; siehe Zutatentip)

AUSSERDEM

- 5 EL Erdnuß- oder Sojaöl

ZUTATENTIP

• Mu-Err-Pilze erhalten Sie im gutsortierten Supermarkt.
• Bambussprossen gibt es nur selten frisch. Sie können sie jedoch in Dosen oder Gläsern im Asienladen kaufen.

1 Mu-Err-Pilze mit kochendem Wasser übergießen und 3 Stunden quellen lassen. In ein Sieb abgießen, abbrausen, abtropfen lassen und Verhärtungen am Stielansatz abschneiden. Pilze in dünne Streifen schneiden.

Schritt 1

2 Vom Filet eventuell Haut, Fett und Sehnen entfernen, dann das Fleisch in dünne Scheiben schneiden. Knoblauch schälen, fein hacken. 2 Zehen in eine Schüssel geben. Mit Sojasauce, Reiswein und Maisstärke mischen. Mit dem Fleisch vermengen und zugedeckt bei Zimmertemperatur 1 Stunde marinieren.

Schritt 3

3 Bohnen waschen, putzen und in einem Sieb abtropfen lassen. Paprika und Chili halbieren, von Stielansatz sowie Samensträngen befreien und waschen. Dann in dünne Streifen schneiden. Bambussprossen in ein Sieb geben, abbrausen. Öl im Wok erhitzen. Nacheinander Bohnen und Pilze darin unter Rühren bei starker Hitze jeweils 3 Minuten braten. Gemüse an den Rand schieben.

Schritt 4

4 Fleisch ohne Marinade in den Wok geben und 3 Minuten braten. Paprika, Chili und übrigen Knoblauch untermischen, 2 Minuten braten. Bambus und Marinade unterrühren und in 1 Minute sämig werden lassen.

Zubereiten **25** Min. Garen **20** Min.
Quellen **3** Std. Marinieren **1** Std.
Pro Portion: 354 kcal/1482 kJ;
19 g EW; 22 g F; 17 g KH

TYPISCH CHINESISCH

Pilze verleihen unendlich vielen chinesischen Speisen ihre Würzkraft, und dementsprechend vielfältig ist das Angebot. In den Städten gibt es Geschäfte, die ausschließlich Pilze verkaufen, meist getrocknete Ware. Eine der beliebtesten Sorte sind Mu-Err-Pilze, die auch Wolkenohrpilze genannt werden.

Kochtip

- Wenn Sie Tiefkühl-Bohnen verwenden, sollten Sie diese vor der Verwendung kurz antauen lassen und trockentupfen, damit das Öl beim Braten nicht spritzt.
- Wer gerne süß-sauer ißt, mischt außerdem eine kleine Dose Ananas mit dem Saft darunter. Dann aber das Gericht mit 3 EL Essig und 1 TL Zucker abschmecken.

Serviertip

Chinesische Bandnudeln (Mie) passen zu den kräftigen Zutaten. Wer Schärfe mag, kann mit Sambal Oelek nachwürzen.

Neben lauwarmem Reiswein können Sie auch grünen Tee oder Jasmintee zu den Pilzen trinken.

SHIITAKE-PILZE MIT CHINAKOHL

CHINA

Ob Sie die chinesische Küche schon kennen oder sich erst an sie herantasten: Diese Pilze, mit viel Gemüse und asiatischen Gewürzen in Wok oder Pfanne gegart, werden Sie begeistern.

Zutaten

(Für 4 Portionen)

- 150 g Shiitake-Pilze (im Feinkostladen erhältlich)
- 150 g Champignons
- 150 g Sojabohnenkeime
- 450 g Chinakohl
- 3 Frühlingszwiebeln
- 100 g Möhren, 300 g Tofu (siehe Zutatentip)
- 1 cm frische Ingwerwurzel
- 3 Knoblauchzehen
- 1 TL Zucker
- 1 EL Maisstärke
- 1 EL helle Sojasauce
- 2 EL Reiswein oder Sherry
- 3 EL Hühnerbrühe
- 3 EL Sesamöl, 1 EL Sojaöl
- 1 TL Salz, weißer Pfeffer

ZUTATENTIP

Tofu ist reich an pflanzlichem Eiweiß und kalorienarm. In Naturkostläden und Reformhäusern (Kühlregal) gibt es bereits gewürzte Produkte.

1 Shiitake-Pilze und Champignons putzen und in dünne Scheiben schneiden. Sojabohnenkeime 10 Minuten in warmem Wasser einweichen, abtropfen lassen. Den Chinakohl waschen, putzen, abtropfen lassen und in dünne Stifte schneiden. Frühlingszwiebeln putzen, waschen und in etwa 4 cm lange Stücke schneiden. Möhren schälen und in dünne Streifen schneiden.

Schritt 1

2 Tofu trockentupfen, in 2 cm lange, dünne Streifen schneiden. Ingwer und Knoblauch schälen und fein hacken. Für die Sauce Zucker, Maisstärke, Sojasauce, Reiswein, Brühe und 1 TL Sesamöl in einer Schüssel verrühren. Mit Pfeffer nach Belieben würzen.

Schritt 2

3 Übriges Sesamöl und Sojaöl im Wok oder in einer großen Pfanne erhitzen (siehe Kochtip). Salz, Ingwer, Knoblauch zufügen und bei starker Hitze anbraten. Nacheinander unter ständigem Rühren Chinakohl, Zwiebeln, Möhren, Shiitake-Pilze, Champignons, Tofu und Sojabohnenkeime zugeben und jeweils 2 Minuten bei starker Hitze garen.

Schritt 3

4 Die Sauce in die Pfanne geben und unter das Gemüse mischen. Etwa 1 Minute weiterrühren, bis die Flüssigkeit gebunden ist.

Zubereiten **40** Min. Garen **15** Min.

Pro Portion: 354 kcal/1482 kJ; 19 g EW; 22 g F; 17 g KH

TYPISCH NORDCHINESISCH

Vor allem in den nordchinesischen Provinzen werden Sojabohnen angebaut, weshalb man dort oft Köstliches aus dem Sojaprodukt Tofu zubereitet. Für die Herstellung dieses Grundnahrungsmittels werden die Bohnen gekocht und ausgepreßt. Aus der gewonnenen Sojamilch reift dann der quarkähnliche Tofu.

Kochtip

Wer einen Wok besitzt, sollte diesen stets der Pfanne vorziehen, da er schonendes Garen bei sehr hohen Temperaturen ermöglicht und das Rühren erleichtert. Die Zutaten werden jeweils nach dem Anbraten an den Rand geschoben. Dadurch bleibt das Gemüse knackig, und Sie können alles nacheinander garen.

Serviertip

Wenn Sie das Pilzgemüse wie in China in Eßschälchen und mit Stäbchen servieren, reichen Sie am besten Klebreis dazu.

Gut gekühltes chinesisches Bier oder ein frischer Mangosaft runden das Essen landestypisch ab.

INDISCHES OMELETT MIT CHAMPIGNONS

INDIEN

Eier, Champignons und Paprika werden zum würzig-scharfen Genuß: Kurkuma färbt das Omelett appetitlich gelb, Garam Masala und Kreuzkümmel sorgen für typisch indisches Aroma.

ZUTATEN
(Für 4 Portionen)

FÜR DAS OMELETT
- 150 g Champignons
- 150 g rote Paprikaschoten
- 1 grüne Chilischote
- 2 Frühlingszwiebeln
- 1 Knoblauchzehe
- 60 g Ghee
- Salz, schwarzer Pfeffer
- 1 TL Garam Masala, 8 Eier
- ½ TL gemahlener Koriander
- ½ TL gemahlener Kreuzkümmel
- ½ TL gemahlener Kurkuma
- ½ TL scharfes Paprikapulver
- 1 Prise Chilipulver

FÜR DIE FÜLLUNG
- 600 g Tiefkühl-Blattspinat
- 100 g Zwiebeln
- 1 Knoblauchzehe
- 1 cm frische Ingwerwurzel
- 25 g Ghee
- 1 TL Chilipulver
- 1 TL Garam Masala

1 Blattspinat auftauen und ausdrücken. Champignons putzen, in Scheiben schneiden. Paprika und Chili putzen, waschen, in Streifen schneiden. Frühlingszwiebeln putzen, waschen, in Ringe schneiden. Knoblauch schälen, würfeln. 2 EL Fett in einer Pfanne zerlassen und das Gemüse darin andünsten. Salzen, pfeffern. Garam Masala unterrühren.

Schritt 1

2 Eier verschlagen. Koriander, Kreuzkümmel, Kurkuma, Paprika und Chilipulver mischen und unter die Eiermasse schlagen. Mit Salz und Pfeffer abschmecken.

Schritt 3

3 In einer Pfanne 1 EL Fett zerlassen, ein Viertel der Eiermasse hineingeben und 3 Minuten stocken lassen. Auf der noch flüssigen Oberfläche ein Viertel des Gemüses verteilen und das Omelett zugedeckt in etwa 5 Minuten garen. Auf die gleiche Art 3 weitere Omeletts zubereiten und warm stellen.

Schritt 4

4 Zwiebeln, Knoblauch und Ingwer schälen, fein würfeln. Fett in einem Topf zerlassen. Zwiebeln, Knoblauch darin anbraten. Ingwer und Spinat zufügen. Mit Salz und Chili würzen, 6-7 Minuten bei mittlerer Hitze offen garen. Garam Masala unterrühren und den Spinat zu den Omeletts servieren.

Zubereiten 1 Std. 5 Min.

Pro Portion: 436 kcal/1824 kJ; 19 g EW; 38 g F; 5 g KH

TYPISCH INDISCH

Eiergerichte sind in Indien überaus beliebt, auch wenn sie in den indischen Restaurants hierzulande nur selten auf der Speisekarte stehen. Wie dieses Omelett werden sie freilich exotisch abgeschmeckt: mit Koriander, Kreuzkümmel und Kurkuma – Gewürze, die ebenso in das indische Rührei gehören.

Kochtip

Omeletts sollten immer bei schwacher bis mäßiger Hitze und nicht zu lange gegart werden, damit die Unterseite hell und die Eiermasse locker bleibt. Ein gebräuntes Omelett ist hart und schwer verdaulich, außerdem schmeckt es leicht bitter. Die Oberseite sollte gerade noch ein wenig feucht sein.

Serviertip

In Indien wird zum Omelett gerne eine großzügige Portion frisch gebackenes Fladenbrot »Chapati« gegessen.

Ein eisgekühltes Joghurtgetränk, mit Zitronensaft und Zucker verrührt, schmeckt dazu erfrischend.

GEFÜLLTE CHAMPIGNONS 3 x ANDERS

Champignons gibt es das ganze Jahr über, und sie sind in fast allen Küchen der Welt beliebt. Hier drei Füllungsvariationen – von pikant bis cremig-zart.

GRUNDREZEPT

Damit die großen Champignons beim Backen nicht austrocknen, werden sie vorher mariniert.

(FÜR 4 PORTIONEN)
- **4 sehr große Champignons**
- **1 EL Butter**

FÜR DIE MARINADE
- **4 EL Zitronensaft**
- **4 EL Öl**

1 Die Champignons putzen, eventuell feucht abreiben. Die Stiele herausdrehen und in Würfel schneiden. Die Butter in einer Pfanne erhitzen. Die Stiele darin 5 Minuten bräunen. Dann für die Füllung verwenden.

2 Den Rand der Pilzköpfe mit einem Messer glattschneiden, dann lassen sie sich leichter füllen.

3 Zitronensaft und Öl verschlagen. Pilze in der Marinade wenden. Zugedeckt 1-2 Stunden durchziehen lassen.

SPINAT-KÄSE-FÜLLUNG

Zubereiten **15** Min. Garen **30** Min.

FRANKREICH

- **1 Knoblauchzehe**
- **2 Schalotten**
- **4 EL Butter**
- **300 g Tiefkühl-Blattspinat (aufgetaut)**
- **3 EL Weißwein**
- **5 EL geriebener Ziegenkäse**
- **3 EL Crème fraîche**
- **Salz, Pfeffer**
- **2 EL Mandelblättchen**

4 Knoblauch und Schalotten schälen und würfeln. In einer Pfanne in 2 EL Butter anbraten. Pilzstiele unterrühren.

5 Spinat ausdrücken, fein hacken, 5 Minuten dünsten. Wein, Käse, Crème fraîche unterrühren. Salzen, pfeffern.

6 Ofen auf 200 °C vorheizen. Pilze in eine Form setzen, mit Spinat füllen. 1 EL Butter darauf geben, 3 EL Wasser angießen. Im Ofen (Gas 3; Umluft 180 °C) 20 Minuten garen. Mandeln mit 1 Msp. Salz in der restlichen Butter rösten und darübergeben.

Hähnchen-Erbsen-Füllung

Zubereiten **20** Min. Garen **30** Min.

Österreich

- **100 g Hähnchenbrustfilet**
- **50 g gekochter Schinken**
- **25 g Butter**
- **25 g Mehl**
- **¼ l Hühnerfond**
- **2 EL TK-Erbsen**
- **2-3 EL Schlagsahne**
- **1 EL Zitronensaft**
- **Salz, Pfeffer, geriebene Muskatnuß**
- **2 EL Schnittlauch**

4 Hähnchenbrust und Schinken in feine Würfel schneiden. Butter in einem Topf zerlassen, Mehl darin anschwitzen lassen. Fond unterrühren und aufkochen.

5 Hähnchenbrustwürfel darin etwa 3 Minuten bei mittlerer Hitze garen. Danach Pilzstiele, Schinken, Erbsen, Sahne und Zitronensaft unterrühren. Mit Salz, Pfeffer und Muskat gut würzen.

6 Backofen auf 200 °C vorheizen. Pilze in eine flache Form setzen und mit der Sauce füllen. Übrige Sauce in die Form geben. Im Ofen (Gas 3; Umluft 180 °C) etwa 20 Minuten garen. Schnittlauchröllchen darüber streuen.

Schinken-Chorizo-Füllung

Zubereiten **20** Min. Garen **25** Min.

Spanien

- **1 kleine Zwiebel**
- **1 Knoblauchzehe**
- **½ Bund glatte Petersilie**
- **3 EL Olivenöl**
- **1 Tomate**
- **50 g roher Schinken**
- **50 g Chorizo (ersatzweise Salami)**
- **2 EL Brotwürfel**
- **2 EL Zitronensaft**
- **Salz, Pfeffer**
- **Paprikapulver**

4 Zwiebel, Knoblauch schälen, würfeln. Petersilie waschen, trockenschütteln und hacken. Öl in einer Pfanne erhitzen. Zwiebel, Knoblauch und Petersilie darin andünsten. Dann Pilzstiele zufügen.

5 Tomate enthäuten und entkernen. Tomate, Schinken, Chorizo in feine Streifen schneiden. Mit Brot und Zitronensaft in die Zwiebelmasse rühren. Gut würzen.

6 Backofen auf 200 °C vorheizen. Pilze in eine große Form setzen und füllen. 3 EL Wasser angießen. Im Ofen (Gas 3; Umluft 180 °C) 20 Minuten backen.

Kalifornischer Wildreis mit Wildpilzen

USA

Wildreis und Wildpilze bilden ein optimales Duett. Wenn noch würzige Kräuter und frisch gepreßter Orangensaft ins Spiel kommen, ergibt sich ein extravagantes Hauptgericht.

ZUTATEN

(Für 4 Portionen)

FÜR DEN REIS

- 175 g Wildreis (ersatzweise Langkornreis oder Rundkornreis)
- 2 Schalotten (60 g)
- 1 junge Knoblauchzehe
- 50 g Butter
- 3 kleine Zweige Rosmarin
- 1-2 Lorbeerblätter
- 400 ml Geflügelfond
- Salz, schwarzer Pfeffer

FÜR DIE PILZE

- 400 g gemischte Wildpilze (z. B. Steinpilze, Maronen, Pfifferlinge)
- 5 Schalotten (150 g)
- 4-6 junge Knoblauchzehen
- 250 g Möhren
- 50 g Butter
- Salz, schwarzer Pfeffer
- 75 ml frisch gepreßter Orangensaft
- 1 kleiner Zweig Rosmarin
- ½ Bund glatte Petersilie

1 Reis in einem Topf mit kochendem Wasser bedeckt 25 Minuten quellen lassen. In einem Sieb gut abtropfen lassen. Schalotten und Knoblauch schälen, würfeln. Butter in einem Topf zerlassen. Reis, Knoblauch und Schalotten 3 Minuten unter Rühren anbraten. Rosmarin, Lorbeer zufügen. Mit Fond und ⅛ l heißem Wasser ablöschen. Reis nach Belieben salzen. Zugedeckt bei geringer Hitze in etwa 30 Minuten garen. Lorbeer und Rosmarin aus dem Reis entfernen.

2 In der Zwischenzeit die Wildpilze putzen. Bei größeren Pilzen die Haut abziehen, Pilze je nach Größe halbieren.

3 Schalotten und Knoblauch schälen und würfeln. Möhren schälen und in Stifte schneiden. Butter in einer Pfanne zerlassen. Schalotten, Knoblauch, Möhren darin unter Rühren 5 Minuten anbraten. Pilze zufügen, 5 Minuten mitbraten, dabei vorsichtig rühren. Mit Salz und Pfeffer würzen. Mit Orangensaft ablöschen und 5 Minuten garen.

4 Rosmarin und Petersilie waschen, trockenschütteln, hacken. Pilzgemüse und Kräuter unter den Reis heben und abschmecken.

Schritt 1

Schritt 2

Schritt 3

Zubereiten **1** Std. Garen **45** Min.
Quellen **25** Min.

Pro Portion: 412 kcal/1724 kJ;
7 g EW; 23 g F; 45 g KH

Typisch amerikanisch

Wildreis ist eine besondere Rarität, die nur in den Binnengewässern Kanadas und im Nordosten der USA wächst. Die Ernte ist eine aufwendige Angelegenheit: Von einem Kanu aus werden die Samen aus den Ähren der gut drei Meter hohen Pflanzen mit Stöcken geschlagen und dann in der Sonne getrocknet.

Kochtip

Wildreis benötigt Zeit zum Quellen und Garen. Kochen Sie den Reis im Verhältnis 1:3 (also 100 g Reis auf 300 ml Flüssigkeit). Bei gegartem Reis sind die spitzen Nadeln am Ende leicht geöffnet und zeigen das innere, weiße Korn. Man kann ihn gut vorbereiten. Dann vor dem Servieren in Butter erhitzen.

Serviertip

Mit den Wildpilzen und dem Reis harmonieren gebratene Hähnchenbrustfilets mit einer bunten Salatgarnitur bestens.

Als Getränk: kalifornischer Weißwein, etwa ein Chardonnay, oder ein Eistee mit Zitronensaft.

SERVIERTIP Zum Pilzcocktail gehört gebuttertes Toastbrot. Danach frische exotische Früchte anbieten.

Rosé-Sekt oder ein Riesling-Sekt bringen den feinen Geschmack so richtig zur Geltung.

*B*UNTER PILZCOCKTAIL MIT ERDBEEREN

USA

Die Kombination von Egerlingen, Brokkoliröschen und süßen Erdbeeren macht den Salat zu einem bunten Cocktail für Feinschmecker. Cashewnußkerne setzen feine Akzente.

ZUTATEN
(Für 4 Portionen)

- 150 g Egerlinge
- 300 g Brokkoli
- 150 g Erdbeeren (siehe Zutatentip)
- 100 g Frisée-Salat
- 150 g gekochter Schinken
- 2 EL gehackte Cashewnußkerne (im Supermarkt erhältlich)

FÜR DIE SAUCE

- 2 TL mittelscharfer Senf
- 1 TL Honig
- 2 EL Limettensaft
- 2 EL Weißwein, 2 EL Öl
- Salz, schwarzer Pfeffer

AUSSERDEM

- Zitronenmelisse
- 4 Limettenscheiben

ZUTATENTIP
Außerhalb der Erdbeersaison schmeckt der Cocktail auch sehr gut mit Honigmelone.

1 Egerlinge putzen, eventuell mit einem feuchten Küchenpapier abreiben. In feine Scheiben schneiden. Brokkoli in kleine Röschen teilen, waschen und in kochendem Salzwasser 3 Minuten garen. In ein Sieb abschütten und abkühlen lassen.

Schritt 1

2 Erdbeeren waschen, Stielansätze entfernen. Je nach Größe vierteln oder halbieren. Frisée-Salat putzen, Blätter auseinander schneiden, waschen und trockenschütteln. In kleine, mundgerechte Stücke zerpflücken. Schinken in 2 cm lange Streifen schneiden.

Schritt 2

3 Die gehackten Cashewnußkerne in eine beschichtete Pfanne geben und darin ohne Fett etwa 5 Minuten goldbraun rösten.

Schritt 3

4 Für die Sauce den Senf mit dem Honig in einer kleinen Rührschüssel verquirlen. Den Limettensaft und den Wein, danach das Öl unterrühren. Alles zu einer cremigen Sauce schlagen. Mit Salz und Pfeffer würzen.

5 Alle Zutaten in eine Schüssel geben und vorsichtig vermengen. Portionsweise in Glasschälchen anrichten. Mit Zitronenmelisse und jeweils 1 Limettenscheibe garnieren.

Zubereiten **40 Min.**
Pro Portion: 307 kcal/1286 kJ;
15 g EW; 17 g F; 22 g KH

TYPISCH AMERIKANISCH
In der amerikanischen Salatküche geht es bunt und phantasievoll zu. So geben kalifornische Köche gerne eßbare Blüten in ihre Kreationen – mehr als ein Augenschmaus! Im Süden haben viele Salate einen kreolischen Einfluß: Gemüse und Salate werden oft mit Obst kombiniert.

SPINATSALAT MIT AUSTERNPILZEN

USA

Ob als sommerlich-leichtes Hauptgericht oder edle Vorspeise: Dieser kalifornische Spinatsalat mit Pilzen, gekrönt von einem pochierten Ei, paßt sich jeder Gelegenheit geschmackvoll an.

ZUTATEN
(Für 4 Portionen)

FÜR DEN SALAT

- 600 g Austernpilze
- 2 Schalotten
- 2 Knoblauchzehen, 5 EL Öl
- 3 EL Sonnenblumenkerne
- Salz, schwarzer Pfeffer
- 1 Msp. brauner Zucker
- 400 g Spinat (200 g netto; siehe Zutatentip)
- 3-4 EL Essig, 4 Eier
- 1 EL Kresseblättchen

FÜR DIE SAUCE

- 1 Schalotte
- 1 Knoblauchzehe
- je ½ Zitrone und Orange
- 1 TL brauner Zucker
- 1 TL mittelscharfer Senf
- 3 EL Sonnenblumenöl

ZUTATENTIP

Sie können Wurzel- oder Blattspinat verwenden. Bei Wurzelspinat werden nur die Innenblätter genommen.

1 Austernpilze putzen. Sehr große Pilze halbieren. Schalotten und Knoblauch schälen und fein würfeln. Öl in einer großen Pfanne erhitzen. Pilze darin anbraten. Schalotten, Knoblauch und Sonnenblumenkerne zufügen. Etwa 3 Minuten bei mittlerer Hitze braten. Mit Salz, Pfeffer und Zucker abschmecken.

2 Spinat sorgfältig verlesen. Die Blätter von den Stielen schneiden und mehrmals gründlich waschen. In einem Küchentuch oder einer Salatschleuder gut trocknen.

3 Reichlich Wasser mit Essig in einer Stielkasserole zum Kochen bringen. Bei schwacher Hitze weiterkochen. Eier nacheinander auf einem kleinen Teller aufschlagen und vorsichtig in das Essigwasser gleiten lassen. Pfanne verschließen und die Eier in 3-5 Minuten wachsweich pochieren.

4 Schalotte und Knoblauch schälen, fein würfeln. Zitronen- und Orangenhälfte auspressen. Salz, Pfeffer, Zucker und Senf mit dem Saft verrühren. Schalotte und Knoblauch zufügen. Öl unterschlagen. Sauce abschmekken und mit dem Spinat vermengen. Auf Tellern verteilen. Austernpilze und jeweils ein Ei darauf geben. Mit Kresse bestreuen.

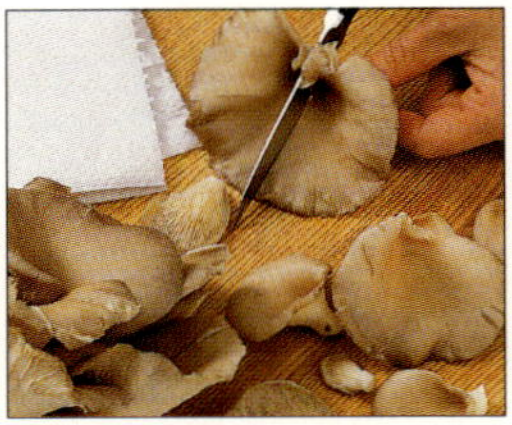

Schritt 1

Schritt 2

Schritt 3

Zubereiten 25 Min. Garen 15 Min.
Pro Portion: 323 kcal/1348 kJ;
17 g EW; 25 g F; 8 g KH

TYPISCH KALIFORNISCH

Dieser Salat ist ein klassisches Rezept der amerikanischen Küche. Leicht variiert, mit frischen Champignons und Parmesan statt Austernpilzen, wird er an der Ostküste gegessen. In Kalifornien verfeinert man ihn mit einem regionalen Produkt, das auch nach Übersee verfrachtet wird: mit Sonnenblumenkernen.

Kochtip

Um Zeit zu sparen, können Sie die Salatsauce einfach am Vortag zubereiten, oder Sie legen sich gleich einen Saucenvorrat an. Dafür die Zutaten nach Belieben verdoppeln. Dann gut verquirlen und die Sauce in ein Schraubglas füllen. Im Kühlschrank hält sie sich eine Woche. Vor Gebrauch noch einmal durchschütteln.

Serviertip

Gästen mit großem Hunger können Sie zum Salat gebratene Rindersteaks mit Pommes frites und Tomatenketchup anbieten.

Zu gleichen Teilen Tomatensaft und Selleriesaft mischen und dazu reichen.

GRATINIERTE CHAMPIGNONS MIT SALSA

Champignons aus dem Ofen, eine feurig-scharfe Salsa und eine Portion gute Laune – so läßt es sich an warmen Sommerabenden mit Freunden feiern. »Viva México« heißt die Devise.

MEXIKO

ZUTATEN
(Für 4 Portionen)

- 250 g Champignons
- 2 rote Chilischoten
- 3 EL Olivenöl
- Salz, schwarzer Pfeffer
- 400 g milder Schnittkäse (z. B. Cheddar)

FÜR DIE SALSA

- 450 g Tomaten
- 150 g Zwiebeln
- 1 Knoblauchzehe
- 2 Chilischoten
- 3 EL Olivenöl
- 3 EL Weinessig
- 3 EL Limettensaft
- 1 TL getrockneter Oregano
- ½ TL Salz
- 3-4 Zweige Koriander (siehe Zutatentip)

ZUTATENTIP
Wer den recht intensiven Geschmack des Korianders nicht mag, kann das Kraut durch Petersilie ersetzen.

1 Champignons putzen und in Scheiben schneiden. Chilis halbieren, entkernen, waschen und in dünne Streifen schneiden. Olivenöl erhitzen, Champignons und Chili darin anbraten. Mit Salz und Pfeffer würzen.

2 Für die Salsa Tomaten von den Stielansätzen befreien, die Haut kreuzweise einritzen, blanchieren und enthäuten. Tomaten halbieren, entkernen und das Fruchtfleisch in kleine Würfel schneiden. Zwiebeln und Knoblauch schälen und fein würfeln. Chilis halbieren, entkernen, waschen und kleinhacken. Olivenöl mit Essig und Limettensaft verrühren. Tomaten, Zwiebeln, Knoblauch und Chili unterrühren, die Salsa mit Oregano und Salz abschmecken.

3 Backofen auf 200 °C vorheizen. Käse in dünne Scheiben schneiden. Champignons in 4 flache feuerfeste Formen geben und mit dem Käse bedecken. Im Ofen (Gas 3; Umluft 180 °C) 15 Minuten überbacken, bis der Käse geschmolzen und goldbraun ist.

4 Koriander waschen, trockenschütteln und fein hacken. Salsa mit dem Koriander abschmecken, getrennt zu den Gratins reichen.

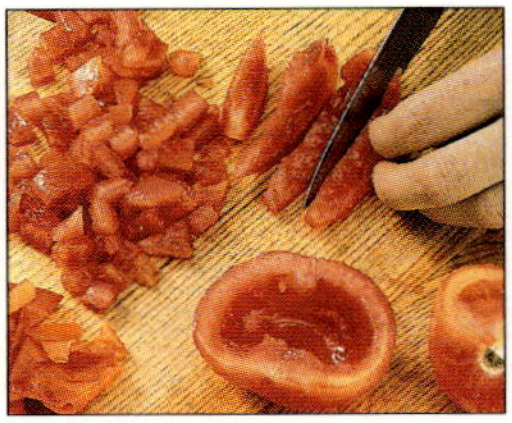

Schritt 2

Schritt 3

Schritt 4

Zubereiten **25** Min. Garen **15** Min.
Pro Portion: 666 kcal/2788 kJ; 33 g EW; 62 g F; 31 g KH

TYPISCH MEXIKANISCH
Während in den mexikanischen Haushalten heutzutage Pflanzenöl und Schweineschmalz verwendet werden, schworen die aztekischen Vorfahren auf ein anderes Fett – auf das des Gürteltieres. An der Vorliebe der Mexikaner für Gebratenes, Fritiertes und Gebackenes hat sich allerdings bis heute nichts geändert.

Kochtip

Reichen Sie dazu einmal Guacamole, den beliebten Avocado-Dip: 2 reife Avocados schälen und mit einer Gabel zerdrücken, 1-2 EL Limettensaft unterrühren. 1 kleine Tomate, 1 kleine Zwiebel und 1 Knoblauchzehe fein hacken und hinzufügen. Die Guacamole mit Salz und Pfeffer abschmecken.

Serviertip

Salsa, Champignons und etwas Salat in Taco-Shells füllen. Den Käse reiben, darüberstreuen und alles überbacken.

Servieren Sie zu den Champignons gut gekühltes mexikanisches Bier, zum Beispiel ein Corona.

TORTELLINI MIT STEINPILZSAUCE

ITALIEN

Hier verblaßt jede Konkurrenz: Selbstgemachte Nudeln mit cremiger Füllung und einer edlen Steinpilzsauce stehen bei Pasta-Fans mit an oberster Stelle – und das nicht ohne Grund.

ZUTATEN
(Für 4 Portionen)

FÜR DEN TEIG
- 300 g Mehl, 3 Eier
- 1-2 EL Olivenöl

FÜR DIE FÜLLUNG
- 1 EL Butter
- etwa 20 Salbeiblätter
- 200 g Ricotta (italienischer Frischkäse)
- 1 Eigelb
- 40 g geriebener Parmesan
- Salz, schwarzer Pfeffer

FÜR DIE SAUCE
- 300 g Steinpilze
- 2 Zwiebeln
- 2 Knoblauchzehen
- 3 EL Butter
- 150 g Schlagsahne
- 75 g geriebener Parmesan
- Salz, weißer Pfeffer

AUSSERDEM
- Frischhaltefolie
- 1 Bund Rucola (Rauke)
- frisch gehobelter Parmesan

1 Für den Teig alle Zutaten mit 2-3 EL Wasser gut verkneten, in Frischhaltefolie wickeln und etwa 1 Stunde ruhen lassen.

2 Für die Füllung Butter zerlassen, Salbei hellbraun braten. Mit Ricotta, Eigelb und Parmesan vermischen, salzen und pfeffern.

3 Für die Sauce Pilze putzen, in Scheiben schneiden. Zwiebeln und Knoblauch schälen, fein würfeln. Butter zerlassen, Zwiebeln und Knoblauch anbraten. Pilze dazugeben und mit anbraten. Sahne und Parmesan untermischen, unter Rühren 10 Minuten köcheln lassen. Mit Salz und Pfeffer würzen. Reichlich Salzwasser zum Kochen bringen.

4 Teig dünn ausrollen und Kreise (6 cm Ø) ausstechen. Jeweils 1 TL Füllung in die Mitte geben. Ränder anfeuchten, zusammenklappen und mit Hilfe einer Gabel gut festdrücken. Dann Spitzen leicht auseinanderziehen, um den Finger wickeln, festdrücken.

5 Tortellini in dem Salzwasser etwa 10 Minuten garen. Rucola waschen, trockenschütteln und fein hacken. Die Nudeln mit der Sauce und dem Rucola vermengen. Den gehobelten Parmesan getrennt dazu reichen.

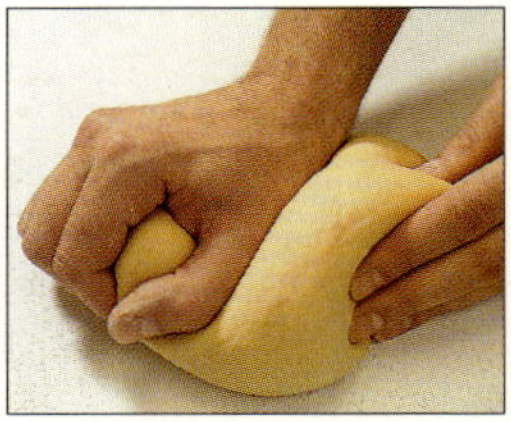

Schritt 1

Schritt 2

Schritt 4

Zubereiten **2** Std. Garen **30** Min.
Ruhen **1** Std.
Pro Portion: 868 kcal/3640 kJ;
41 g EW; 51 g F; 62 g KH

TYPISCH ITALIENISCH

»Porcini«, wie die Italiener die Steinpilze nennen, gedeihen in Ligurien und der Toskana ebenso wie im Piemont. Sogar außerhalb der Saison müssen hier die Gourmets nicht auf den König der Pilze verzichten. Er wird dann getrocknet und zu losen Massen aufgetürmt an zahlreichen Marktständen angeboten.

Kochtip

Wenn Sie keine frischen Steinpilze bekommen, die Sauce aber gerne zubereiten möchten, machen Sie's einfach wie die Italiener: Statt der frischen Pilze 80 g getrocknete Steinpilze (im Supermarkt erhältlich) etwa 1 Stunde in heißem Wasser einweichen, abtropfen lassen und die Sauce, wie beschrieben, zubereiten.

Serviertip

Artischockenböden und kleine Tomatenwürfel in einer Vinaigrette marinieren. Mit Chicorée als Vorspeise servieren.

Ein hellgoldener Orvieto Classico aus Umbrien vollendet das edle Mahl optimal.

SERVIERTIP Reichen Sie als Dessert stilecht Tiramisu oder gemischtes, italienisches Gebäck.

Ein italienischer Rotwein, etwa ein Chianti, schmeckt besonders gut zur Lasagne mit Pilzen.

PIEMONTESER LASAGNE MIT PILZEN

ITALIEN

Ein Spitzenrezept für ungeübte Köche, die ihren Gästen etwas Besonderes servieren möchten: Die Lasagne läßt sich gut vorbereiten und kommt knusprig überbacken aus dem Ofen.

ZUTATEN
(Für 4 Portionen)

- 200 g grüne oder weiße Lasagneblätter

FÜR DIE SAUCEN
- 15 g getrocknete Steinpilze
- 200 g Champignons
- 250 g Austernpilze
- 2 kleine Zwiebeln
- 2 Knoblauchzehen
- 4 EL Olivenöl
- 350 g Schlagsahne
- Salz, schwarzer Pfeffer
- 100 g geriebener Parmesan
- 200 g Staudensellerie
- 500 g Tomatenpüree
- ½ TL scharfes Paprikapulver
- 1 TL getrockneter Oregano

AUSSERDEM
- Butter für die Form
- 4 Scheiben gekochter Schinken (200 g)
- 175 g Mozzarella
- 1 mittelgroße Tomate
- 150 g geriebener Parmesan

1 Steinpilze in ⅛ l heißem Wasser 1 Stunde einweichen. Abgießen, dabei das Wasser auffangen. Fein hacken. Champignons und Austernpilze putzen, mundgerecht schneiden.

2 Zwiebeln und Knoblauch schälen, würfeln. 2 EL Öl in einer Pfanne erhitzen, die Hälfte der Zwiebeln und des Knoblauchs glasig werden lassen. Pilze anbraten. Steinpilzwasser und Sahne angießen. Salzen, pfeffern. 10 Minuten köcheln, Parmesan einrühren.

3 Sellerie waschen, putzen, fein schneiden. 2 EL Öl in einem Topf erhitzen. Sellerie, restliche Zwiebeln und Knoblauch glasig werden lassen. Tomatenpüree unterrühren. Mit Salz, Paprika, Oregano würzen. In 15 Minuten bei schwacher Hitze dicklich einkochen lassen. Backofen auf 175 °C vorheizen.

4 Auflaufform ausfetten, Boden mit Lasagneblättern bedecken. Von Schinken und Pilzsauce die Hälfte darauf geben. Lasagneblätter, dann Gemüsesauce darauf geben. Restliche Lasagneblätter, Schinken und Pilzsauce darüber verteilen. Mozzarella und Tomate in Scheiben schneiden, darüber legen. Mit Parmesan bestreuen. 1 Stunde 15 Minuten (Gas 2; Umluft 150 °C) garen.

Schritt 2

Schritt 3

Schritt 4

Zubereiten **40** Min.
Einweichen **1** Std.
Garen **1** Std. **40** Min.
Pro Portion: 1046 kcal/4373 kJ; 58 g EW; 69 g F; 47 g KH

TYPISCH ITALIENISCH

Lasagneblätter, die in Italien scherzhaft »gebügelte Nudeln« heißen, waren in abgewandelter Form schon in der Antike bekannt. Bei den Vorläufern der Lasagnenudeln handelte es sich um einen Fladen aus Mehl, Öl und Honig, der auf einer heißen Tonscheibe gegart wurde.

TOSKANISCHE KNOBLAUCHPILZE

ITALIEN

Nur sorgfältig ausgewählte Produkte finden sich in den Töpfen toskanischer Köche wieder, wie diese Vorspeise aus Knoblauchpilzen und Tomatenmarinade eindrucksvoll unter Beweis stellt.

ZUTATEN
(Für 4 Portionen)

- 1 kg gemischte Pilze (z. B. Steinpilze, Maronen, Champignons)
- 6-8 junge Knoblauchzehen
- 30 g Butter
- 3 EL Olivenöl
- 10 Salbeiblätter
- 75 ml trockener Weißwein
- 1-2 EL Zitronensaft
- je 2 EL gehackte Minze und glatte Petersilie
- Salz, schwarzer Pfeffer

FÜR DIE TOMATENSAUCE
- 1 kg Tomaten, 1 Zwiebel
- 3 Knoblauchzehen
- 1 milde Chilischote
- 3 Möhren
- 3 Stangen Sellerie
- 5 Zweige Thymian
- 1 Bund glatte Petersilie
- 2 EL Olivenöl
- 2 Lorbeerblätter
- 2-3 Sardellenfilets
- Salz, 1 Msp. Zucker

1 Für die Sauce Tomaten kurz blanchieren, enthäuten, halbieren und entkernen. Zwiebel und Knoblauch schälen, grob zerkleinern. Chili (Samen mit verwenden), Möhren sowie Sellerie waschen, putzen und grob zerkleinern. Thymian und Petersilie waschen.

2 Öl in einem Topf erhitzen. Zwiebel und Knoblauch darin glasig werden lassen. Chili, Möhren sowie Sellerie dazugeben und 5 Minuten andünsten. Tomaten, Lorbeer und Thymianzweige unterrühren. Petersilie und Sardellen dazugeben. Mit Salz und Zucker würzen. Das Gemüse zuerst 30 Minuten zugedeckt, dann 30 Minuten offen dünsten. Durch ein Sieb passieren und die Sauce offen bei mittlerer Hitze in 20 Minuten auf die Hälfte einkochen lassen.

3 Pilze putzen, große Pilze vierteln oder halbieren. Knoblauch schälen, in dünne Stifte schneiden. Butter und Öl zusammen in einer großen Pfanne erhitzen. Pilze darin bei mittlerer Hitze anbraten. Knoblauch und Salbei dazugeben, alles 15 Minuten braten, dabei ab und zu umrühren. Mit Wein ablöschen. Tomatensauce, Zitronensaft, Minze und Petersilie unterrühren. Salzen und pfeffern. Das Gericht lauwarm servieren.

Schritt 2

Schritt 2

Schritt 3

Zubereiten 50 Min.
Garen 1 Std. 35 Min.
Pro Portion: 327 kcal/1373 kJ; 11 g EW; 18 g F; 27 g KH

TYPISCH TOSKANISCH

Auf zwei Zutaten kann kein toskanischer Koch, der etwas auf sich hält, verzichten: hochwertiges Olivenöl und saftigen, frischen Knoblauch. Was auch immer die Grundlage für das würzige Duett bildet – Waldpilze, weiße Bohnen oder Fleisch jeder Art – am Ende steht unkomplizierte Hausmannskost.

KOCHTIP

Tomatensauce (Sugo di pomodoro) in zahlreichen Abwandlungen gehört zu den Basisgerichten der italienischen Küche. Sie läßt sich gut vorbereiten und hält sich im Kühlschrank etwa 4 Tage. Sie paßt gut zu Nudelgerichten und eignet sich auch als Marinade für gebratene Zucchini- und Auberginenscheiben.

SERVIERTIP

Die Pilze ergänzen sich gut mit Oliven, Sellerie, Möhren sowie Fenchel und Tomatendip zu einer Vorspeise.

Nichts paßt besser dazu als trockener italienischer Weißwein, etwa ein Vernaccia aus San Gimignano.

Küchen-Lexikon

Neben Tips für den Umgang mit Pilzen finden Sie auf diesen Seiten Wissenswertes über Zutaten, die Sie vielleicht noch nicht kennen.

Brunnenkresse
Die Wasserpflanze mit den dunkelgrünen, mineralstoffreichen Blättern und der langen Wurzel ist im Geschmack mit der leicht scharfen Gartenkresse vergleichbar. Selbst heute noch wächst Brunnenkresse wild an Bächen und Seen. Sie wird aber auch in großen Anlagen gezüchtet.

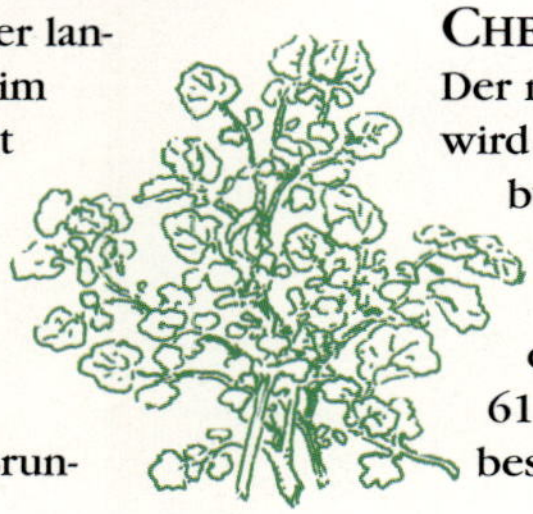

Cheddar-Käse
Der nicht ganz billige englische Hartkäse wird aus Kuhmilch hergestellt und hat einen buttrig-nussigen Geschmack. Er benötigt zur vollen Reife eine Lagerung von etwa zwölf Monaten. Je nach Herkunft enthält Cheddar-Käse zwischen 48 und 61 % Fett. Deshalb eignet er sich auch besonders gut zum Überbacken.

Zuchtpilze

Austernpilze
Die mild-aromatischen Pilze sind ganzjährig im Handel. Sie eignen sich sehr gut zum Braten und Grillen.

Champignons
Außer weißen Champignons werden die bräunlichen Egerlinge angeboten, die ein etwas kräftigeres Aroma haben. Zum Füllen eignen sich natürlich die Riesenchampignons am besten.

Shiitake-Pilze
Die ostasiatischen Zuchtpilze, auch Tongku-Pilze genannt, erinnern geschmacklich an Liebstöckel. Sie kommen frisch und getrocknet auf den Markt.

Wildpilze

Butterpilze
Sie haben ein feines Aroma, eignen sich für Salate und bleiben beim Braten weich.

Pfifferlinge
Diese aromatischen Wildpilze gibt es von Juni bis September. Sie schmecken leicht pfeffrig und passen gut zu Wild.

Maronen
Sie werden vorwiegend in Pilzmischungen gegeben oder zum Verfeinern von Fleischsaucen sowie Suppen verwendet.

Steinpilze
Frische Steinpilze gibt es von Juni bis Oktober, eingelegt oder gedörrt erhalten Sie die Pilze das ganze Jahr über.

Fond
Beim Braten von Fisch, Gemüse, Fleisch oder Geflügel entsteht der Fond. Knochen, Gemüse und Gewürze werden angebraten, mit Wasser aufgegossen und bei niedriger Hitze etwa 4 Stunden gekocht. Der Fond dient als Grundlage für die Sauce.

Garam Masala
Eine indische Gewürzmischung aus verschiedenen gerösteten und gemahlenen Gewürzen, zum Beispiel Koriander, Kumin, Kardamom, Zimt und Nelken. Sie können Garam Masala im Asienladen kaufen.

Kapuzinerkresse
Die frischen, saftigen Blätter kann man gehackt gut unter Salat, Quark oder Eierspeisen mischen. Mit den eßbaren Blüten können Gerichte wirkungsvoll dekoriert werden.

Kräuter für Pilze
Der besondere Eigengeschmack von Pilzen verträgt keine Kräuter mit intensivem Aroma. Petersilie, Basilikum, oder Thymian jedoch unterstreichen den Geschmack hervorragend.

Vom Umgang mit Pilzen

Einkauf, Putzen etc. – so machen Sie es richtig:

Einkauf
Achten Sie beim Pilzeinkauf unbedingt darauf, daß die Pilze sehr frisch und vor allem unbeschädigt sind. Die Köpfe sollten fest und noch geschlossen sein.

Putzen
Pilze sind wie Schwämme, sie saugen Wasser auf. Deshalb nur mit einem feuchten Tuch säubern und nicht waschen. Enden und wurmstichige Stellen entfernen.

Aufbewahrung
Pilze sollten möglichst frisch gegessen werden. Kühl und trocken gelagert, halten sie sich höchstens 2-3 Tage.

Trockenpilze
10 g Pilze (10 g getrocknete Pfifferlinge ergeben 250 g) mit ¼ l Wasser 1 Stunde einweichen. In der Mikrowelle geht's schneller: bei 360 Watt sind sie in 5 Minuten weich.

Kurkuma
Die südindische Wurzel, auch als Gelbwurz bekannt, ist wegen ihrer gelben Farbe ein wichtiger Bestandteil des Currypulvers. Kurkuma hat ein bitter-pikantes Aroma und wird oft in der indischen Küche verwendet.

Löwenzahn
Auf unseren Märkten wird er grün oder gebleicht angeboten. Die jungen, zarten Blätter schmecken als Salat sehr gut, die größeren kann man wie Spinat zubereiten oder in Suppen und Eintöpfe geben.

Piment
Das Gewürz mit den vielen Namen (Jamaikapfeffer, Nelkenpfeffer, Neugewürz, Allgewürz) stammt aus der Karibik und ist Bestandteil vieler Gewürzmischungen. Bei uns wird es meist als Wurst- und Backgewürz eingesetzt.

Reissorten
Ursprünglich stammt Reis aus Asien, er wird heute aber in allen Erdteilen angebaut. Man unterscheidet zwischen *Langkorn- und Rundkornreis*. Langkornreis wird vorwiegend in der asiatischen Küche, Rundkornreis hauptsächlich für mediterrane Reisgerichte verwendet. *Wildreis* ist streng genommen kein Reis, sondern ein Gras. Die Welternte ist sehr gering, deshalb ist der Wildreis im Vergleich zu den anderen Reissorten relativ teuer.

Sardellen
Die kleinen, besonders fetten Heringsfische werden durch Salz konserviert und gegart. Sie kommen ganz, als Sardellenfilets, Sardellenringe (mit einer eingerollten Kaper) oder als Sardellenpaste auf den Markt.

Schalotten
Sie gelten als die edelste Sorte der Zwiebelfamilie und werden von Profiköchen wegen ihres sanft-aromatischen Geschmacks geschätzt.

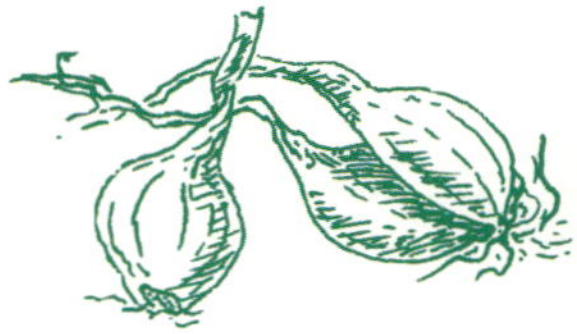

Schmand
Er wird im Handel als fester Sauerrahm angeboten. Mit einem Fettgehalt von etwa 24 % liegt Schmand genau zwischen saurer Sahne und Crème fraîche.

Staudensellerie
Man nennt ihn auch Bleichsellerie, Stangensellerie oder Stielsellerie. Er wird roh, geschmort, gedünstet oder gekocht gegessen. Schmorgerichte und Mischgemüse bekommen durch ihn eine würzige Note.

Tofu
Das dem Quark ähnliche Lebensmittel wird aus gelben Sojabohnen hergestellt. In Japan und China wird Tofu seit über 2000 Jahren als wichtiger Eiweißlieferant in Gerichten verwendet.

Menüvorschläge

Wir haben zu den Pilzgerichten Vorspeisen und Desserts gewählt und zu einem typischen Drei-Gänge-Menü komponiert. So finden Sie Anregungen, um Ihre Gäste zu verwöhnen.

Finnland

Finnische Waldpilze in Rahmsauce 6/7

Geräucherter Wildlachs mit Apfel-Meerrettich

Heidelbeerpfannkuchen

Pilzsalat mit Wildkräutern 8/9

Feine Häppchen mit Leberpastete

Honigpfirsiche

Dänemark

Champignon-Gourmet-Toast 10/11

Dänische Käsemousse

Rote Grütze mit Vanillesauce und Eis

Deutschland

Gemüsespätzle in Pfifferlingrahm 12/13

Gemüsebouillon mit Eierstich

Schwarzwaldbecher

Holsteiner Pilz-Käse-Gratin 14/15

Gemischte Blattsalate

Westfälische Quarkspeise

Kalbsmedaillons mit Pfifferlingen 16/17

Feldsalat mit Speckwürfeln

Käsebrett mit Brot

Niederlande

Putengulasch mit Champignons 18/19

Brokkolisalat mit Schinken

Vanillehörnchen mit Schlagsahne

Frankreich

Crêpes mit bunter Champignonfüllung 20/21

Artischockenböden mit Knoblauchsauce

Karamelcreme

Champignongratin »Chambord« 22/23

Zwiebelsuppe mit Baguette

Frische Früchte

Schweiz

Schweizer Pilz-Käse-Taschen 24/25

Rohkostplatte mit Joghurtsauce zum Dippen

Apfeltörtchen

Österreich

Kremser Champignon-Frikadellen 26/27

Rindfleischsalat mit Eiern

Kaiserschmarren

Polen

Kohlrouladen mit Hackfleisch-Pilz-Füllung 30/31

Schweinefleisch in Aspik

Mohnkuchen

Tschechien

Altböhmische Waldpilzpfanne 32/33

Kartoffelpastete mit Blattsalaten

Marillenknödel mit Quark

Ungarn

Zempléner Pilztopf mit Paprika 34/35

Gänseleberpastete

Palatschinken mit Schokoladen-Rum-Sauce

Russland

Petersburger Steinpilzragout 36/37

Russische Eier mit Brot

Geeiste Charlotte mit Schlagsahne

Chinesische Mu-Err-Pilze mit Bohnen 38/39

Süß-sauer eingelegtes Gemüse

Fritierte Reisbällchen

Shiitake-Pilze mit Chinakohl 40/41

Frühlingsrollen

Honigbananen mit Eis

Indien

Indisches Omelett mit Champignons 42/43

Hirsesalat mit Tomaten und Gurken

Mango-Joghurt-Cremespeise

USA

Kalifornischer Wildreis mit Wildpilzen 46/47

Eisbergsalat mit Parmesan und Brotwürfeln

Schokoladenkekse mit Nüssen

Bunter Pilzcocktail mit Erdbeeren 48/49

Lachs- und Forellendip mit Brot und Kräckern

Erdbeertorte

Spinatsalat mit Austernpilzen 50/51

Fritierte Mozarellabällchen

Amerikanischer Käsekuchen

Mexiko

Gratinierte Champignons mit Salsa 52/53

Tortilla mit Tomatensauce

Ananas mit Vanille-Sahne

Italien

Tortellini mit Steinpilzsauce 54/55

Tomaten mit Mozzarella

Tiramisu

Piemonteser Lasagne mit Pilzen 56/57

Gemischte Vorspeisenplatte

Mascarponecreme mit frischen Früchten

Toskanische Knoblauchpilze 58/59

Brotsuppe mit Kräutern

Zabaione

Rezeptregister

Impressum

Rezepte: Roswitha Lange
Illustrationen: Rita Mühlbauer

Bildnachweis
Alle Titel- und Rezeptfotos:
Meister Verlag/International Masters Publisher B.V.
Michael Brauner, Dorothee Gödert, Fotostudio Pfisterer,
Einleitung: 4 Anzenberger, Sioen; 4 Focus, Maze; 4 Mauritius, Pigneter; 4/5 Okapia, Kiepke; 5 Silvestris, Braun; 5 White Star, Gumm;
Fotos zu den »Typisch-Abschnitten«: 6 IFA, Thiel; 8 Tony Stone, Wells; 11 StockFood, Eising; 12 StockFood, Sandmann/Hausch; 14 Bavaria, Heimpel; 16 Bavaria, Meier; 18 Zefa, Voigt; 21 Schapowalow, Martinez; 22 Gamma; 24 Zefa, Villiger; 26 Das Fotoarchiv, Riedmiller; 30 Bilderberg, Ernsting; 33 Bavaria, Ball; 34 Look, Galli; 36 IFA, Kneer; 38 Magazin; 40 Bilderberg, Wolf; 42 Tony Stone, Booher; 46 Das Fotoarchiv, Riedmiller; 49 Magazin; 50 Image Bank, Peters; 52 IFA, LDW; 54 Schapowalow, Hoffmann; 57 Anzenberger, Mattioli; 58 Schapowalow, Atlantide;

Reproduktionen Meyle+Müller GmbH+Co., Pforzheim
Computer to plate: S-B-P-S GmbH Kirchberg
Druck und Weiterverarbeitung: Sebald Sachsendruck Plauen

ISBN 3-88477-021-7